保险避坑指南

袁戎——著

人民邮电出版社

北京

图书在版编目（CIP）数据

保险避坑指南 / 袁戎著. -- 北京 ：人民邮电出版社, 2024. -- ISBN 978-7-115-64664-4

Ⅰ．F84

中国国家版本馆 CIP 数据核字第 20247H2M86 号

内 容 提 要

这是一本关于保险产品挑选技巧的通俗读物。

如果你纠结于自媒体平台有关保险产品的测评，一时间不知如何下手买保险，本书将帮助你权衡利弊。本书从一名保险经纪人的角度教读者认识保险产品销售过程中常见的"坑"，让读者轻松掌握保险产品挑选技巧。

本书既适合家庭风险管理，也适合企业主做风险筹划。

◆ 著　　　　袁　戎

责任编辑　郭　媛

责任印制　周昇亮

◆ 人民邮电出版社出版发行　　北京市丰台区成寿寺路 11 号

邮编　100164　电子邮件　315@ptpress.com.cn

网址　https://www.ptpress.com.cn

北京九州迅驰传媒文化有限公司印刷

◆ 开本：880×1230　1/32

印张：4.375　　　　　2024 年 8 月第 1 版

字数：74 千字　　　　2025 年 3 月北京第 2 次印刷

定价：46.00 元

读者服务热线：(010)81055296　印装质量热线：(010)81055316

反盗版热线：(010)81055315

序

在金融行业中，保险通常很低调。

在经济繁荣时期，人们往往更倾向于快速的财富创造和高效的资本增值，于保险则姑置勿论。然而随着经济进入稳定期，高回报的投资机会显著减少，此时许多人对保险的关注度逐渐提高。

其实无论人们处于经济周期的什么阶段，保险都在那里。它已经渗入人们生活的各个方面，小到衣食住行，大到生老病死。而且现代保险作为风险管理的有效工具也已经被广泛应用于政府管理和商业经营中。因此无论是从个人的风险保障出发，还是站在企业在社会中安身立命的角度，了解一些保险知识，学会运用一些保险工具都是非常必要的。

会逢其适，袁戎先生分享了他精心编写的《保险避坑指南》一书。我作为一名保险消费者对此很好奇，于是一口气读完了这本书，感觉颇有收获。

首先，作者能够跳出具体工作看到行业的未来，无论是对保险行业的走势预测，还是对未来保险销售人员专业能力要求的判断，都体现出作者的前瞻性。

其次，作者以保险销售人员和消费者的视角分析产品的优劣，揭示决策中至关重要但往往被忽视的细节。

再次，作者是有心人——他深谙最新的行业动态，积累了丰富案例，并从家庭和社会的角度切入，言之有据，言之成理。

最后，作者指出，只有诚实销售才能赢得市场的尊重和客户的信任，一语道出了保险行业必须牢牢抓住的生命线。

中国文化历来讲究未雨绸缪，相信经历了经济周期之后，人们会更加理智地对待保险，更加灵活地运用保险工具来应对未来的挑战。

马翔

某资产管理股份有限公司投资总监

前 言

　　我在日常的保险工作中，经常面对互联网客户的咨询，因此一直想写一本关于如何挑选保险产品的书。由于现在自媒体比较流行，很多年轻人购买保险前喜欢在自媒体平台阅读保险测评文章。不可否认，有些文章确实专业，但是普通消费者，很难从众多保险测评文章中鉴别出哪些内容是客观真实的，哪些保险产品是适合自己的。

　　我是靠做互联网保险起家的，经过几年的沉淀，在保险行业也算小有成就。我十分确信，做销售最重要的就是诚实，对自己诚实，对客户诚实，不能急功近利，只有做好长期的打算并真诚为客户着想，才能赢得市场的尊重和客户的信任。

　　本书基本涵盖了日常工作和生活中能够遇到的多数保险问题，作为普通消费者，掌握本书介绍的挑选保险产品的技巧，就可以应对常见的保险销售套路，不至于踩"坑"。特别说明：保险名称中的"保"字（如×××险、×××保险），不同保险略有不同，主要依照法律法规或行业习惯用法而定。

如果读者认为阅读本书意犹未尽，欢迎读者通过微信公众号"叶哈雅"就任何与保险相关的问题与我进一步沟通。

袁戎

目 录

第 3 章　保险的"坑"怎么避？

第4章　如何顺利拿到理赔金？

第5章　案例分享

第6章　保险的未来

第 1 章

保险为何这么"坑"？

1.1　讨厌保险？保险不骗人，是人骗人

我在浏览自媒体页面时，一旦看到和保险有关的内容，总会忍不住点开评论区，不意外的是，热门评论的内容一定是骂保险的，但凡替保险说好话的评论，都会被当作卖保险的，被大家抵制。

作为在保险行业耕耘多年的保险经纪人，我看到这一现象很是心痛。在国家金融领域的三大支柱（银行、证券和保险）中，保险行业的形象最差、从业人员收入最低。保险为什么会有如此负面的形象？

仔细查阅国内外保险发展史之后，我有了一些了解，原来这不是我国保险行业特有的现象，在一百年多年前的美国，也有过相似的情况。

美国的保险销售人员一开始是由一群失业工人、农民等社会底层组成的，由于从业人员素质偏低，销售误导、欺骗、拉亲朋好友买单的现象不少。不过美国保险行业形象的改善花了

将近一个世纪的时间，而我国从改革开放至今，总共才经历了四十多年。

其实在20世纪30年代，《申报》就开设有"人寿保险"专刊，胡适先生还为"人寿保险"专刊手写广告，他说：**"保寿（保险）的意义只是今天做明天的准备，生时做死时的准备，父母做儿女的准备，儿女幼时做儿女长大时的准备，如此而已。"** 他自己也是保险客户，他的日记中有记载："到浙江兴业银行，到中孚银行，把寿险费及书籍保险费还了。"

从1992年，保险代理人制度被引入我国，到2019年，我国保险代理人人数曾一度达到912万人，庞大的保险代理人队伍对保险的普及功不可没，但保险代理人工作的零门槛，确实给保险行业造成了不小的冲击。随着保险行业进入深度改革，大量低产能从业人员被淘汰，2023年保险代理人人数也迅速回落到300万人以下，预计这一数字还会继续下降到100万人左右。

从中国保险行业协会官网公布的各家保险公司的理赔率可知，在我国持牌的300多家保险公司中，平均获赔率都在98%及以上。这一数字意味着每100个申请理赔的客户，约2人被拒赔，保险公司每年发放的理赔金，具有社会稳定器的作用。

而被拒赔的原因多数都是投保人未如实告知相关情况，带病投保，不符合理赔条款，等等。

我国的保险监管制度体系，可以说是非常严格的。当前我国实行的第二代偿付能力监管制度体系，比多数国外的监管制度体系严格。打个比方，国外普通的监管制度体系要求保险公司有能对抗百年一遇的重大灾难的能力，而我国的监管制度体系则要求保险公司能对抗两百年一遇的大灾难。

迄今为止，我国未发生过保险公司破产导致客户利益受损的案例。

《中华人民共和国保险法》（以下简称《保险法》）是以维护投保人利益为原则设立的。在有争议的案子中，司法解释要求做出有利于投保人利益的解释，所以多数情况下都是投保人获胜。

但是不可否认的是，在保险销售过程中，少数代理人为了尽快成交，会做出一些不符合合同条款的承诺，向客户销售并不适合客户的保险产品。这导致客户发现自己利益受损之后迁怒于保险公司。

坦白讲，我在工作当中接触过很多在保险行业工作一二十年的所谓"资深人士"，这些人之所以能在保险行业混迹很多年，靠的不是专业，而是人情世故。他们销售保险主要依赖人情和套路，而对保险知识一知半解，尤其是在被互联网保险媒体科普过的年轻人的追问下，这些"资深人士"无力应对，最后只能被淘汰。这就是我预判保险代理人人数还会进一步下降的原因。**保险行业会像律师行业一样，并不需要太多从业人员。保险从业人员在未来一定是以专业取胜的。**

我的多数客户都是从互联网来的，我们之间没有人情关系，有的只是专业知识的交换，这样客户面临的选择更多，产品竞争更充分。随着新一代保险从业人员的崛起，加之国家的大力扶持，我相信保险行业的形象会逐渐改善。

1.2 别再犹豫，每个人都需要保险

我说每个人都需要保险并不是因为我自己的职业是保险经纪人。之所以说保险是必需品，是因为风险无处不在，小到猫抓狗咬、烧伤烫伤，大到卫星发射、社会保障，保险都在发挥作用。在现代社会中，一个人几乎不可能脱离保险的影响，例如车辆上路需要购买机动车交通事故责任强制保险（以下简称"交强险"），企业为员工缴社会保险，甚至储户去银行存钱，银行也为储户购买了存款保险。保险已经渗透到了生活的方方面面。

一个人从出生到成年，再到衰老，其间会遭遇无数个不确定的风险事件，我们不能阻止所有风险事件的发生，但是我们可以做的是减少风险事件发生所造成的经济损失，因此有必要购买保险。感性地说，**亲人也许不能陪伴我们一生，但保险可以做到**。年金险的给付是终身的，而寿险可以通过更换投保人，将保单延续到下一代，跨越了人的生命周期。

很多人对保险的初步认识是，在生病之后可以获得赔偿金，

可以报销住院医疗费，这里涉及的是健康类的医疗险、重疾险和意外险。健康类保险是基础保障型保险，在人身险领域还有更复杂多样的寿险、年金险、分红险以及投资连结保险，这些保险能发挥的作用不同，而财产险的分类就更复杂了。

各行各业都有专属保险。我接触到的很多行业都被规定要购买专属保险。比如旅行社被要求配置旅行社责任保险，用于弥补旅客在外旅行发生意外状况时所遭受的损失；在法院打官司，涉及冻结对方财产时，法官会要求当事人投保诉讼财产保全责任保险，用来应对因不当处置给对方造成的损失。

我在工作中成交过海上货物运输保险、轨道交通安全生产责任保险、航天保险，这些保险的保额多达数十亿元甚至更高，只有极少数保险公司有承保的能力。这些保险是不能不投的财产险，虽然很少人知道，但其默默承担着国家基础设施建设的安全保障工作。

1.3 买错保险，有多糟心？

很多人第一次买保险，并不是出于自身需求，而是因为有亲戚朋友成为了保险销售人员，碍于情面而购买保险，因此这些人可能买到了自己并不需要的保险，当过段时间回想起自己买的保险时，觉得不实用，便会产生退保的想法。但是保险并不像银行存款一样，可以随时支取，尤其是在投保后的前几年，退保可能会有损失。

常见的买错保险的案例如下。

案例 1 自己买了一大堆保险，年缴保费好几万元，当家人生病住院时，想起来自己买了保险，以为可以放心，结果出院后申请理赔，才发现自己买的全是储蓄型保险，而没有配置保障型保险，因此迁怒于保险公司，把当初卖自己保险的朋友拉到黑名单，然后上网大骂："保险都是骗人的！"

这个案例就是由销售人员不专业的推销导致的。保险的配置应当以保障型保险为先，其次才考虑储蓄型保险。

案例2 客户的妈妈去银行存钱，被银行的经理推荐买了保险。妈妈以为自己把钱存在了银行，每年能有不少利息收入，结果过了两年家里需要用钱想去银行把钱取出来时，才发现买的是保险，并没有将钱存入银行。银行让客户的妈妈去联系保险公司退保，保险公司说时间不到，现在只能退一部分钱。妈妈觉得自己上当了，向街坊邻居抱怨保险是骗人的。

这个案例属于典型的把保险包装成理财产品来卖的销售误导。对此监管部门早有应对措施，规定把保险与银行存款进行简单对比是违规的。客户只需要提供投保时被销售人员误导的证据，例如聊天截图、录音等，便可以要求保险公司全额退还保费。不过在实际操作过程中，取证比较困难。

案例3 客户患过某种疾病，在投保健康险时，其在投保单上的健康告知中全选了"否"，当客户因患病住院，向保险公司申请理赔时，保险公司通过理赔调查发现客户有隐瞒病史的行为，便拒绝了赔偿。客户觉得自己上当受骗了，保险公司收了保费却不赔，便在网上发帖说保险公司骗人。

这个案例是典型的未如实告知相关情况导致的拒赔。很多时候并非客户故意隐瞒相关情况，而是销售人员承诺将来一定可以赔。销售人员求业绩心切，担心客户如实告知会被拒保，存有侥幸心理，便引导客户隐瞒相关情况。有关如何做好健康告知的方法并不复杂，我将在之后的章节详细介绍。

如果能够避免以上三个案例中的情况，则能够免去约99%的保险拒赔纠纷。随着保险市场的不断发展，如今我国居民的保险意识逐年增强，保险的形象正在好转，我对国内保险行业的未来充满信心。

第 2 章

保险应该怎么买？

2.1　保险应该找谁买?

我相信多数人的朋友圈里都有卖保险的人,可能不只一个。常见的购买保险的渠道有 4 个:

1.通过保险代理人购买保险,保险代理人代理某家保险公司的产品,类似某品牌汽车 4S 店的销售人员;

2.通过保险经纪人购买保险,保险经纪人可以销售多家保险公司的产品,他们的平台(类似携程、支付宝这样的平台)上会有各种商家挂出的保险;

3.通过银保代理人购买保险,即在银行办理业务时,会有专门驻点的保险销售人员,他们主要卖储蓄型保险;

4.通过线上渠道如在保险公司官网或电子商务平台直接下单购买保险。

购买保险的渠道如图 2-1 所示。

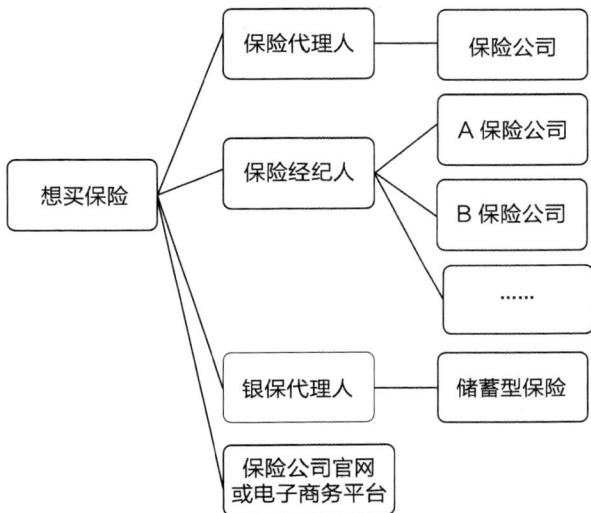

图 2-1 购买保险的渠道

通过以上几个渠道购买保险本质上都是和保险公司直接签订合同，如果购买的是同一款保险，即使购买渠道不同，价格也是一样的。因为保险产品的价格是需要报备给监管部门的，同一款产品只能有一个价格，保险产品不像其他实物商品那样可以加价或打折，任何销售人员都没有权限修改保险产品定价。

不同渠道售卖的保险产品也有所不同，各渠道都有专属的产品。保险经纪人能够代销的保险产品的种类是最多的，但有些保险公司的一些产品并不会开放给经纪公司销售。同一家保险公司可能在不同渠道投放不同的产品。

关于保险销售渠道，我国最先引进的是代理人制度，该制度起源于美国。自 20 世纪 90 年代开始我国有了保险代理人，一个保险代理人就相当于一个个体户，保险代理人并非保险公司的员工，其与保险公司签订的合同是代理合同。随着我国加入世界贸易组织，保险公司的数量也逐渐增加，2000 年之后我国又开放了保险经纪人制度。

通过保险经纪人购买保险的渠道的优势是可以做到货比三家，保险经纪人能够提供多家保险公司的产品方案供客户选择，且保险经纪人能够站在第三者的角度评价各家保险公司的优劣势。保险经纪人制度在发达国家的保险市场中是主流，在我国该制度也处在高速发展的阶段。

通过银保代理人购买保险的渠道的特点是侧重储蓄型保险，以销售年金险和寿险产品为主，对保障型的健康类保险缺乏应有的支持。银保代理人多数缺乏全面的保险知识，但由于有银行背书，其容易赢得客户的信任，但也容易让客户误以为自己购买的是银行理财产品。

考虑到不同渠道的保险产品略有不同，我的建议是可以在这些渠道买保险，但不要只在某一个渠道购买，因为每个渠道都有其优势产品。你可能会问，在不同渠道买保险产品享受的服务都一样吗？我可以肯定地答复：服务都一样，基本的服务都是由保险公司提供的，理赔的时候也是由保险公司来负责的，即使你投保的渠道的销售人员日后离职，也有人接替他的工作，所以在这个问题上你不必多虑。

有些保险销售人员甚至为了与同行竞争，会通过给客户返还佣金（以下简称"返佣"）等方式诱导客户投保，客户可能并不会意识到这是一种严重的违法行为。

《保险法》第一百三十一条规定：

保险代理人、保险经纪人及其从业人员在办理保险业务活动中不得有下列行为：

…… ……

（四）给予或者承诺给予投保人、被保险人或者受益人保险合同约定以外的利益。

销售人员的返佣行为不仅会扰乱市场，而且会连累保险公司一起接受处罚。有返佣行为的保险销售人员一经发现就会被开除，其负责的保单就会变为"孤儿单"，"孤儿单"虽然有其他销售人员接手，但接手的销售人员由于和之前的客户不存在经济利益，对他来讲接手"孤儿单"是没有收益的，自然他的服务就可能不尽如人意。

不管是哪类保险销售人员，基本都是 0 底薪，他们的收入主要为卖出保险赚取的佣金，如果他们靠返佣获得客户，他们的收入也会变得没有保证，长久下去是无法在行业立足的。**专业的保险销售人员应该以自己的专业知识和服务赢得客户的信任，靠返佣获客的保险销售人员很难走得太远，我们应该杜绝这种不正当竞争行为。**

2.2　可以给哪些人买保险？

保险不像一般的商品可以买来任意送人，人们只能给具有保险利益的人投保，不然就会出现道德风险。《保险法》第三十一条规定：

投保人对下列人员具有保险利益：

（一）本人；

（二）配偶、子女、父母；

（三）前项以外与投保人有抚养、赡养或者扶养关系的家庭其他成员、近亲属；

（四）与投保人有劳动关系的劳动者。

除前款规定外，被保险人同意投保人为其订立合同的，视为投保人对被保险人具有保险利益。

订立合同时，投保人对被保险人不具有保险利益的，合同无效。

由此可知，保险并不是想给谁买就给谁买的。比如爷爷给孙子投保，如果爷爷并不是孙子的实际抚养人，那么就不具有保险利益。在夫妻关系存续期间，夫妻之间具有保险利益，但离婚之后，其保险利益也随之消失，但夫妻关系存续期间购买的保险，不因离婚而失效。最高人民法院《关于适用〈中华人民共和国保险法〉若干问题的解释（三）》第四条规定如下：

保险合同订立后，因投保人丧失对被保险人的保险利益，当事人主张保险合同无效的，人民法院不予支持。

另外，情侣之间，只要双方同意订立保险合同，也被视为具有保险利益。其他具体情况需要做个案分析，并最终得到人民法院的支持，这样才能被视为具有保险利益，可为相关人员投保。

2.3 不要盲目追求"性价比"

我发现互联网客户和线下客户有一个明显的不同，即互联网客户比较看重保险的"性价比"。这里的"性价比"主要是指价格低，保额高，至于其他保险指标，互联网客户则较少考虑。

2020 年前后，互联网保险飞速发展，各种新兴保险公司推出不少具有"性价比"的保险产品，面向全国客户销售。但很多保险公司的产品大同小异，客户需要从细微之处辨别这些产品的异同。因此，知乎、小红书、微信公众号上也随之出现了大量专业保险销售人员写的产品测评文章。

从 2020 年，中国银行保险监督管理委员会（以下简称"银保监会"）发布《互联网保险业务监管办法》，到 2021 年，银保监会办公厅发布《中国银保监会办公厅关于进一步规范保险机构互联网人身保险业务有关事项的通知》（以下将这两份文件简称为"互联网保险新规"），互联网保险的发展受到一定影响。

既然互联网保险如此受关注，深受年轻人的喜爱，那么国家为什么要出面整治互联网保险呢？这就要从互联网保险容易引发的纠纷的原因谈起。

1. 由于互联网保险的价格较低，与其配套的售后服务的质量也相对较差。

2. 多数互联网客户是自行下单购买保险的，其对保险产品页面展示的专业术语不够了解，容易忽略风险提示，进而在不知情的情况下购买了不符合投保要求的互联网保险，因此发生理赔纠纷的概率较大。

按照互联网保险新规的要求，**只有经营稳健的保险公司才有资格销售互联网保险产品**；互联网保险的结构也因此发生了调整，互联网保险新规明确在产品名称中必须有"互联网"字样，严格区分了线下保险与互联网保险。

互联网保险新规对互联网保险的营销宣传管理有更加严格的要求，明确保险机构应建立从业人员互联网保险营销宣传的资质、培训、内容审核和行为管理制度，并且要求保险机构在互联网保险销售或经纪活动中，不得向未在本机构进行执业登记的人员支付或变相支付佣金及劳动报酬。

一时间，多款互联网保险产品接连下架，与之相伴的测评文章也就少了许多。

我国保险行业经历过几次大调整，只有经历过这些大调整，我们才能站在长远发展的角度看待我国的保险行业情况，我们在选择保险产品时才会更加理性，不会盲目追求所谓的"性价比"。

2.4 保险不是你想买就能买的

我在互联网上遇到许多网友前来咨询，他们在各种保险中纠结，不知道该买哪款产品，当他们终于决定买哪款产品之后，一查健康告知，才发现自己不符合投保要求。对这一问题，我这里想要强调的是，先不提性价比，**保险并不是你想买就能买的东西，你在挑保险的同时，保险也在"挑"你。**

你在考虑买哪个保险前，应该先了解自己的身体情况是否符合投保要求。假如你是一个标准体[1]，那你确实有资格挑选各种保险公司的产品。标准体不是指没得过大病，没住过院，只要体检报告中出现了结节、囊肿、息肉、重度脂肪肝等异常指标都会影响到买保险的选择范围。

因为多数医疗险和重疾险产品，其健康告知中都会问到上述提及的异常指标，以结节、囊肿、息肉为例，在核保专家看来，

1　标准体是核保术语，即保险公司接受正常承保的体况。

其是有可能在未来发展成癌的。乳腺结节、肺结节、甲状腺结节的彩超分级报告可以用于进一步判断结节的性质，分级越高，则是恶性结节的可能性就越大。所以有异常指标的朋友，需要关注投保单的健康问询，并如实回答。

对于医疗险，因为其价格便宜，保障期为一年，其核保标准就比较严格，有结节、囊肿、息肉等异常指标的人，是会被除外承保[1]，甚至会被拒保。如果当前还在患病，或刚刚出院，这时候也是无法购买医疗险的，即使买了保险，也可能会被拒赔。

重疾险的核保标准相对于医疗险要宽松一些，但也需要在明确结节、囊肿、息肉等异常指标的性质之后做出核保结论，结节分级在二级以下有可能被除外承保，也有可能加费承保[2]，在异常指标性质不明的时候，也有可能被拒保。所以**在购买重疾险时，需要格外关注投保单的健康告知，其提到什么问题，就回答什么问题。**

互联网保险产品往往都有智能核保功能。当客户填写智能核保问卷时，客户每回答完一个问题，问卷会自动弹出下一个问

1　除外承保指不承保投保前确诊的某些风险较高的疾病。
2　加费承保指承保时在原保费价格上加若干比例的钱。

题，客户完成智能核保问卷后，智能核保模型会立即反馈核保结论。但有时候智能核保问卷的问题并不能覆盖客户的全部情况。智能核保模型多是保险公司采购的第三方模型，不一定是根据保险公司的要求量身定制的，有可能引发争议。

客户在填写问卷时若有疑问，应咨询专业的保险销售人员；如对于智能核保问卷的问题有感觉表意不清的情况，应尽量选择人工核保。

2.5 孩子的守护天使：少儿保险

我注意到很多家庭首次产生购买保险的意识都是因为想给孩子买份医疗保险。

虽然有些专业人士建议优先考虑购买大人的保险，毕竟大人才是家庭的顶梁柱，但事实上，大人给孩子买保险的过程也是其了解自身保障条件的契机。

我自己也有一个可爱的儿子，在他还没出生的时候，我就盘算着给他配置什么样的保险。就目前市面上常见的险种来说，应优先给孩子配置意外险、重疾险和医疗险，这三种保险是针对健康的基础保障型保险，有条件的家庭，还可以配置教育年金，给孩子积攒教育经费，也可以用增额寿险来做长期储蓄。

2.5.1 少儿意外险

多数孩子天性活泼好动，容易发生磕碰，喜欢小动物的孩子也容易被小动物抓伤或咬伤，因此给孩子配置意外险是很有必要的。通常意外险都含门诊责任。比如孩子被猫抓狗咬后需要接种狂犬病疫苗，该疫苗不属于医保基金支付范围，有意外险可以很好地解决这一问题。

少儿意外险价格便宜，理赔顺畅，是保险公司的引流产品，所以各家保险公司都会争抢少儿意外险客户。我建议选择覆盖公立医院和私立医院的少儿意外险。筛选少儿意外险的关注要点如图 2-2 所示。

图 2-2　筛选少儿意外险的关注要点

举个例子，在北京，孩子意外伤及面部之后，通常要先打破伤风针，而后再做美容缝合，而这两个程序在多数公立医院不能同时进行，需要先后去两家公立医院处理。如果选择既有美容缝合能力又可以打破伤风针的私立医院则非常省事，这时候可以报销公立医院和私立医院就诊费用的少儿意外险就发挥了作用。

孩子喜欢追跑打闹，很容易摔倒，造成骨折，治疗时可能会使用辅助器具。**辅助器具在多数少儿意外险中属于第三方器材，不在理赔范围，所以最好选择包含辅助器具的少儿意外险。**

有些孩子比较调皮，不小心打破了商场的玻璃或打伤了别的孩子，因此购买带有第三者责任的少儿意外险能给付第三者（商场或别的孩子）经济损失或医疗费用，在一定程度上减轻家庭的经济负担。

最后需要注意：对于被保险人不满 10 周岁的，少儿意外险的保额不得超过人民币 20 万元；对于被保险人已满 10 周岁但未满 18 周岁的，少儿意外险的保额不得超过人民币 50 万元。

2.5.2 少儿重疾险

少儿重疾险和成人重疾险从保障原理上来说是一样的，都是在符合重疾险条款的情况下获得一笔赔款，不过少儿重疾险通常附加少儿特定疾病额外赔付的条款，这是筛选少儿重疾险的主要参考指标。筛选少儿重疾险的关注要点如图 2-3 所示。

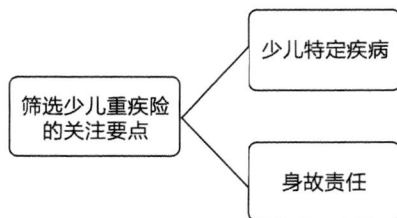

图 2-3 筛选少儿重疾险的关注要点

某款少儿重疾险约定的特定疾病如表 2-1 所示。

表 2-1 某款少儿重疾险约定的特定疾病

序号	疾病名称	序号	疾病名称
1	白血病	11	严重瑞氏综合征
2	淋巴瘤	12	成骨不全
3	神经母细胞瘤	13	严重癫痫
4	肾母细胞瘤	14	严重幼年型类风湿关节炎
5	脑恶性肿瘤	15	严重脑炎后遗症或严重脑膜炎后遗症
6	重型再生障碍性贫血	16	严重 1 型糖尿病
7	严重哮喘	17	脊髓灰质炎导致的瘫痪
8	严重心肌炎	18	重症手足口病
9	严重原发性心肌病	19	原发性骨髓纤维化
10	严重川崎病	20	结核性脊髓炎

之前重疾险是和寿险捆绑在一起销售的，随着互联网保险的兴起，一些新兴保险公司推出了寿险和重疾险可以分开购买、自由组合的产品，即俗称的消费型重疾险，保费较便宜。

所谓消费型重疾险，即不带寿险责任的重疾险，而寿险保的是身故责任。如果购买了消费型重疾险，被保险人还没来得及确诊重疾就离世了，那么受益人是无法获得理赔的，这也是消费型重疾险价格便宜的原因。对预算有限的家庭来说，消费型重疾险是个较好的选择。

但是给孩子配置重疾险，我则倾向于选择带寿险也就是带身故责任的储蓄型重疾险。理由是重疾险的定价是根据年龄的增长而加价的，给0岁的孩子买重疾险时是重疾险价格最低的时候，若给30岁左右的成人购买同样保障的重疾险产品，其价格要贵得多。

所以说给孩子买储蓄型重疾险很划算，待孩子成年之后，这份保单里的现金价值（退保拿回的钱）将接近已交保费甚至超过保费。从既能保病又能返钱的角度来说，这是一件一举两得的事。

2.5.3　少儿医疗险

关于孩子的另一个重要保险是医疗险，医疗险可以报销在医院发生的医疗费。新生儿除了需要与父母一起上社保，也需要购买一份医保不能报销的医疗险。

医疗险有很多种，常见的有百万医疗险，价格便宜，因其保额往往有上百万元而得名，但理赔的门槛较高，通常医疗费用经过医保报销再减去 1 万元的免赔额后的剩余部分才能用百万医疗险报销。

比百万医疗险更高一档的医疗险俗称中端医疗险。这类医疗险由于可以选择 0 免赔额，无须自费，且可以附加门诊责任，以及覆盖公立医院的特需部和国际部，价格只比百万医疗险贵一点，所以得到了越来越多的家庭的认可。筛选少儿医疗险的关注要点如图 2-4 所示。

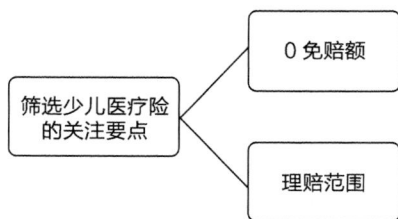

图 2-4　筛选少儿医疗险的关注要点

孩子治疗肺炎、腺样体肥大等疾病所花的费用一般不超过 1 万元，达不到百万医疗险的理赔门槛，但如果给孩子购买了中端医疗险，则可以全额报销。

一般来说，给孩子单独购买中端医疗险有一定的限制，比如不能附加门诊责任，不能附加公立医院的特需部或国际部责任等，如果要附加，需要大人与孩子一同投保，但也有特例，购买时需了解清楚。

既然有中端医疗险，那就意味着有高端医疗险。如果购买了高端医疗险，被保险人的就医保障限制少，公立医院的特需部和国际部及私立医院的住院、门急诊费用均可报销，并享受高端医疗资源和良好的就医环境。

你可能会认为肯花费上万元购买高端医疗险的都是高净值人士，其实并不全是。纵观我的从业经历，多数购买高端医疗险的客户都是中产家庭，而且这些中产家庭首次购买高端医疗险就是给孩子买的，可见父母对孩子的爱。

2.5.4　少儿寿险和教育年金

前文讲了选择孩子的健康类保险的技巧，接下来我们再来谈谈孩子的寿险和教育年金。

我曾经在某短视频平台看到某拥有千万粉丝的财经博主发视频批评给孩子买寿险的行为。他认为寿险对孩子来说没有用，理由是寿险是身故才赔钱，他反问："有多少父母会希望用孩子身故来换取赔偿金？"

乍一看他说得似乎有道理，但实际上他忽略了寿险的现金价值增值空间，这才是众多家长购买寿险的理由，而不是为了拿到身故赔偿金。

目前我国内地寿险的预定利率上限是 3%（香港寿险的预定利率为 5%~8%），这不是指寿险的收益率是 3%，而是指从长期来看，寿险的现金价值增长速度会无限趋近于 3%。从目前商业银行的年利率总体走低的趋势来看，将能够锁定利率的寿险作为长期储蓄，是个不错的选择。

所谓的教育年金，是指在孩子不同的成长阶段，分批次将钱打到监护人个人账户，用于缴学费或婚嫁之类的保险。因为这部分花费是刚需，购买教育年金则可以提前锁定资金用途，避免挥霍。

教育年金有阶段性返钱，到期终止的，也有终身返钱的。父母可根据自己对孩子的期望来选择购买哪种教育年金。其实教育年金很好选，哪种返钱多就买哪种，不需要考虑保险公司的品牌和服务，因为保险公司的安全机制非常有效，即使是很小的保险公司也不会轻易破产。筛选少儿寿险和教育年金的关注要点如图 2-5 所示。

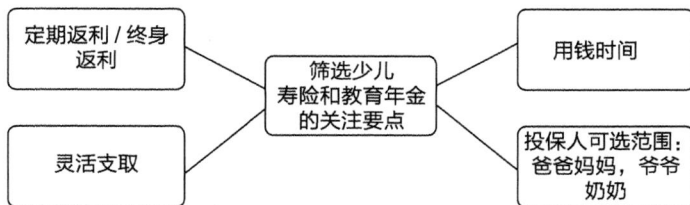

图 2-5　筛选少儿寿险和教育年金的关注要点

2.6 顶梁柱必备：成人保险

2.5 节提到很多成人首次买保险都是给孩子买，出发点是把保险作为孩子的保障。但保险并不能阻止风险事件的发生，它只能在风险事件发生后发挥经济补偿的作用。作为家庭经济支柱的父母，才是更需要保障的人。因为如果大人发生风险事件，孩子的保费便无人缴纳，所以我会提倡优先为成人配置保险。

以中产家庭为例，成人会非常担心发生重大疾病，因为治疗费非常多，但医保基金支付范围有限，仅可报销少部分。

我国医保参保率超过 95%，但医保基金收支压力很大，不可能满足所有人的就医需求。部分发达国家的全民免费医保的收支压力也很大，患者要想预约到免费医疗资源一般要等上一年或更长时间，免费医疗反而成了"稀缺资源"。因此，多数发达国家的居民大多还是要靠自己购买商业保险解决就医需求。

除了医保，我还经常遇到朋友说自己公司给员工买了补充医疗保险，问我是否还需要买商业保险。我的回答是当然需要。

现在多数公司在招聘海报上写的为员工购买"六险二金"，即在"五险一金"的基础上，再加一份团体补充医疗保险和一份企业年金。

企业为员工购买的团体补充医疗保险也在我的业务范围内，市面上很多知名的团体补充医疗保险都是我们公司做的，我所在的公司也会给我们配置团体补充医疗保险，但多数保险经纪人依然会大量购买个人商业保险，原因是企业为员工购买的团体补充医疗保险并不能提供持续的保障。

这类团体补充医疗保险的保障期限通常是一年，需要企业每年缴费，一旦企业发生经营变化，就有可能断缴，即使企业经营良好，但若参保的企业员工因种种原因导致理赔金额过高，超过了保险公司的盈利范围，来年保险公司就可能对该企业所缴保费涨价或拒保。

同时员工离职之后，也就自然脱离了该企业保障范围，此时如果员工有既往病史，那他自己再买保险的机会也会减少。即使他加入了新的企业，也有可能不能享受到新企业的补充医疗保障福利，因为团体补充医疗保险默认不赔付既往症。

基于以上几点不确定因素，成人购买保险的稳妥的做法就是自己掌握自己的保单，自己做投保人才能降低脱保的风险。

成人除了需要购买医疗险，我认为还需要购买重疾险与寿险。这两种保险都属于给付型保险，即在发生风险事件后给现金的险种，而不是报销已经花费的医疗费。

通过我们身边的案例可知，一个成人生了一场大病，不光需要花费巨额的医疗费，还有可能因生病导致无法获得收入。但如果其购买了足额的重疾险，则可以因此获得一笔可观的赔偿金，从而应对大病之后的康复阶段的经济问题。

以癌症为例，康复周期是3~5年，如果超过5年不复发，则在临床上就可以被视为治愈，所以我们会建议已成年的客户购买其年收入的3~5倍保额的重疾险，用来弥补患病后3~5年年收入下降所带来的损失。

成人越早购买保险越好，身体健康是能投保的重要指标。随着年龄的增加，体检的异常指标也会增多，能选择的保险产品就会越少，等发现身体不好想买保险时就已经晚了。我会在后文介绍身体健康状况对保险的影响。

寿险同样是非常重要的家庭保障。寿险历史悠久，可以看作最古老的保险之一。我们可以简单理解，寿险的作用就是在人死后赔一笔钱给受益人。在实际生活中，寿险的功能十分复杂，我将在后面的章节详细介绍。

2.7 对长辈关怀：老人保险

给长辈买份保险，是很多成人的想法，也是子女向长辈表达关怀的方式。

但是很遗憾，目前市场上针对老人（这里指的是年龄在 50 岁以上的人）的保险并不多见。有些标榜老人专属的保险产品，规定的理赔条件也较苛刻，这是因为保险产品的投保条件和价格取决于未来发生风险的概率。一个人年纪越大，其患病的风险就越大。

针对老人的保险产品的价格非常复杂，如果把老人的重大疾病发生率考虑进来，那么保费会很高，甚至接近保额。这就失去了购买保险的意义。

适合老人的保险主要有防癌险、意外险和年金险。

防癌险是只针对癌症进行赔偿的保险，由于其不赔付除癌症之外的其他疾病，所以价格会略低于一般的医疗险。但防癌险不适合所有老人，有结节、囊肿、息肉之类异常指标的老人是买不了防癌险的。

老人容易跌倒进而导致骨折，因此需要为其购买意外险。多数意外险对身体健康的要求比较宽松，有的甚至不做健康要求，因为意外险赔付的是外来的、突发的、非本意的、非疾病的意外，因自身疾病引起的意外，不在意外险赔付范围内。

由于部分老人临近退休，为了能让自己多领退休金，可以购买养老年金。养老年金一般不设健康问询，任何人都可以购买。

2.8 为创业者保驾护航：企业保险

保险公司可分为两大类：一类是人寿保险公司，其主要保障对象是人；另一类是财产保险公司，其主要保障对象是人身体之外的物质，这就涉及本节要讲的与企业有关的保险。

企业保险的细分种类要比人身险多得多，因为不同企业所处的行业不同，有针对特定行业的专属保险，也有各行业通用的保险，例如团体补充医疗保险、雇主责任险、财产一切险、公众责任险等。

对团体补充医疗保险，我在介绍成人保险时讲过，但那是站在员工的角度来说的。员工在拥有团体补充医疗保险之后，还应该购买个人保险。

站在企业主的角度来看，企业给员工投保，对员工来说是一种福利，可以增强员工的归属感，不少员工为了这项福利会选择一直在企业工作。企业主需要做的就是控制好预算，在能力范围内选择适当的方案，这个工作可以由保险经纪人来做，保险经纪人会为企业拟订方案并向不同保险公司询价，择优投保。

有些企业的员工会从事设备 / 机器操作工作，这类企业通常会购买团体意外险。但团体意外险的被保人是员工个人，如果发生风险理赔，获得赔偿的也是员工个人，企业仍要承担应该承担的责任，即员工在拿到团体意外险的理赔金之后，依然有权利向企业索赔。

因此保险公司推出了雇主责任险。雇主责任险的保障范围要比团体意外险更广。雇主责任险的被保人是企业本身，当员工发生意外并向企业索赔时，企业所应承担的赔偿责任由雇主责任险赔偿，这就从根本上解决了企业的担忧，而且员工的权益也得到了保障。

从事服务行业的企业，比如游乐场、培训机构、餐馆等，需要购买公众责任险。公众责任险是一种顾客在营业场所发生意外后，需要营业单位赔偿的保险，与前面提到的雇主责任险相对应，公众责任险不是保员工，而是保顾客。不要忽视公众责任险，因为顾客可能会在营业场所发生各种状况，有些突发事件所带来的赔偿金有可能让企业破产。

有设备、有库存的企业需要投保财产险，以弥补火灾、水浸等带来的损失。历史上的泰坦尼克号沉没，就有保诚保险

（Prudential plc）、安联保险（Allianz）等百年老店赔付的身影。

信用保险可以用来保障企业的合同履约。在生意往来中，如果企业已购买信用保险，对方因为一些意外情况不能履行合同条款，所造成的损失由保险公司理赔。信用保险适合上下游稳定的大中型企业。投保了这种保险的企业向银行进行融资时会得到更高的授信额度，因为保单会给企业信用加分。

近年来常出现上市公司的董事因公司的一些不良经营行为需要承担连带责任的情况，因此企业需要购买董监事和高级管理人员责任保险（以下简称"董监高责任险"）。上市公司如果投保了这种保险，当企业出现一些负面消息，或因编制虚假财务报表等被监管部门处罚，高级管理人员要承担连带责任时，相应赔偿可由保险公司承担。

前面提到的都是企业可选择是否投保的保险，还有一类企业保险是被要求强制投保的，比如建筑工程类企业必须投保的财产一切险，这种保险可以覆盖企业的各种财产风险，包括房屋、设备、库存等，购买该保险的额度有时需要根据甲方的要求来确定。在一些商场招商项目中，商场物业也会要求入驻的商家必须购买财产一切险。

2.9 家庭财产综合保险

家庭财产综合保险（以下简称"家财险"）是指以住宅及住宅里的财产为对象的综合性财产险，保障对象包括住宅建筑物、家庭财产和家庭责任等。家财险的主要保障责任包括自然灾害等造成的财产损失，也包括白蚁侵蚀，高空坠物、水管爆裂、火灾、偷盗抢劫等意外情况造成的财产损失。

家财险可以保建筑主体，不只可以保自己的财产，也可以保邻居的财产，还可以保出租人的财产。如房屋原有线路短路引发火灾，造成租客财产损失，房屋原有灯具脱落砸伤租客造成的治疗费，该保险都可以理赔。

有些房屋因发生事故而声誉受损，比如出现自杀或因第三方犯罪行为导致死亡等，这种给房东造成的声誉损失，也在家财险的保障范围内。

随着我国城市化进程的加快、住宅需求和消费水平的提高，家财险具有巨大的市场潜力。

2.10 职业责任保险

责任险有很多种，常见的责任险除了前文提到的雇主责任险、公众责任险、旅行社责任保险，还有职业责任保险，例如执业医师职业责任保险（以下简称"医师责任险"）、保险经纪人职业责任保险。

医师是需要购买职业责任保险的职业之一。医学的未知性和复杂性，决定了即使医师完全照规范操作也难免遇到意外，有些意外甚至会造成严重后果。

一旦发生医疗事故，医师所在的医疗机构，尤其是购买了医疗责任保险的医疗机构，可能会承担赔偿责任，但往往也会内部追责，让责任医师赔偿一部分金额，或者扣奖金……总之，责任医师要承担应该承担的责任。

如果此前已购买医师责任险，其可以为医师个人的赔偿责任"买单"，减轻医师的经济压力，让医师在抢救治疗病患时更加放心。也因为有了这项保障，在治疗过程中，医师可以把更多的时间和精力放在技术提升上，患者的权益也得到了保障。

某些小型医疗机构投保医疗责任保险的成本很高，因此可以考虑为医师购买医师责任险。

医师责任险的保险责任如下。

1. 在保险期间或保险合同载明的追溯期内，被保险人在执行医师职责范围内的医疗业务时，因过失行为导致意外事故，造成患者人身伤亡，由患者或其代理人在保险期内首次向被保险人提出损害赔偿请求，依照法律法规，应由被保险人承担的经济赔偿责任，保险人按照保险合同约定负责赔偿。

2. 保险事故发生后，被保险人因保险事故而被提起仲裁或者诉讼的，对应由被保险人支付的仲裁或诉讼费用以及事先经保险人书面同意支付的其他必要的、合理的费用，保险人按照保险合同约定负责赔偿。

与医师责任险类似的还有律师职业责任保险，律师职业责任保险的保险责任如下。

1. 在保险期间或保险合同载明的追溯期内，被保险人在中国境内从事诉讼或非诉讼律师业务时，因过失行为未尽应尽之责及义务，造成委托人及其利害关系人经济损失，委托人及其利害关系人在保险期内首次向被保险人提出损害赔偿请求，依照法律法规，应由被保险人承担的经济赔偿责任，保险人按照保险合同约定负责赔偿。

2.保险事故发生后，被保险人因保险事故而被提起仲裁或者诉讼的，对应由被保险人支付的仲裁或诉讼费用以及事先经保险人书面同意支付的其他必要的、合理的费用，保险人按照保险合同约定负责赔偿。

保险经纪人也有对应的职业责任保险，当保险经纪人因过失行为给客户造成经济损失时，就可以靠职业责任保险代为赔偿客户部分经济损失。职业责任保险还有很多细分种类，此处不一一叙述。

2.11　开了那么多年车，不知道车险都保啥？

不管是电车还是燃油车，车险由两部分组成，即：交强险和商业险。

交强险全称为"机动车交通事故责任强制保险"，是国家规定车主必须为在道路上行驶的机动车买的保险，不买交强险机动车不能上路。交强险指保险公司对被保险机动车发生交通事故造成本车人员、被保险人以外的受害人的人身伤亡和财产损失等在责任限额内予以赔偿，而自己车辆的维修费、本车人员的医疗费用等，都不赔。交强险责任限额如表2-2所示。

表2-2　交强险责任限额

责任限额	自己有责的	自己无责的
死亡伤残赔偿限额	18万元	1.8万元
医疗费用赔偿限额	1.8万元	1 800元
财产损失赔偿限额	2 000元	100元

显然仅有交强险还不够，车主还需要购买商业险。

商业险有以下三大主险。

1.机动车损失保险（以下简称"车损险"）。如果购买了车损险，只要被保险车辆有损坏，车主都可以获赔，且不计免赔额，包括发动机涉水、玻璃破碎、被盗抢、自燃、地震及次生灾害造成的损坏等。

2.机动车第三者责任保险（以下简称"第三者责任险"）。第三者责任险主要赔付驾驶员使用被保险车辆过程中发生交通事故造成的第三者人身伤亡或财产损失，以及由此引起的对第三者的抚恤、医疗费和赔偿费用等依法应由被保险人赔付的金额。目前第三者责任险保额最高达到 5 000 万元。

3.机动车车上人员责任保险（以下简称"车上人员责任险"）。车上人员责任险也被称作车上座位险，其主要赔付驾驶员使用被保险车辆过程中发生交通事故造成的车内乘客人身伤亡的损失。

除了以上三大主险，还有 11 项附加险可选，分别如下。

1.附加绝对免赔率特约条款：绝对免赔率是指保险不报销的额度，设定范围为 0%~20%，免赔率越低越好，如果是 0% 就表示完全不用自付。

2.附加车轮单独损失险：只赔偿车轮的损失。

3.附加新增加设备损失险：可以赔偿车上新增加设备被损毁的损失。

4.附加车身划痕损失险：可以赔偿无明显碰撞痕迹的车身表面漆被划伤产生的经济损失，仅新车可保。

5.附加修理期间费用补偿险：可以赔偿车辆在修理期间产生的经济损失。

6.附加发动机进水损坏除外特约条款：车损险赔偿范围通常包含发动机涉水，如果选择投保本险，则表示不需要赔偿因发动机进水导致发动机损毁的损失，保费也会相应减少。

7.附加车上货物责任险：可以赔偿车上所载货物被损毁的损失。

8.附加精神损害抚慰金责任险：可以赔偿事故造成第三者或车上人员的人身伤亡时受害人提出的精神损害。

9.附加法定节假日限额翻倍险：在法定节假日期间，第三者责任险的保额翻倍。

10.附加医保外医疗费用责任险：赔偿第三者或车上人员因事故产生的医保基金支付范围外的医疗费用。

11.附加机动车增值服务特约条款：增值服务包括有需求的

时候找保险公司提供的送油、送水、换胎、拖车等服务。

需要注意，如果你被保险销售人员催促提前购买车险，生效期会出现重叠的情况，出险次数将算入下一年，这会导致后一年的保费上升。所以在购买时与保险销售人员沟通清楚，表明对提前购买的车险的生效日期的要求，要求其在上一年的车险到期后生效。

很多保险销售人员为了拉到客户，会通过降低保费来吸引客户，而这会导致第三者责任险的额度降低，没有购买部分险种。这样操作虽然保费确实可以少很多，但是理赔时若额度不够，车主就只能自掏腰包了。

因雪天路面湿滑、积雪或结冰，导致被保险车辆发生碰撞事故时，车主可先用手机或相机拍下事故现场的照片作为证据留存，并拨打电话向保险公司报案，如责任明确、无人伤、无物损，且车辆能行驶，就可离开现场去保险公司理赔。

2.12 保险金信托

保险金信托是指委托人作为投保人，经被保险人同意后，在符合保险公司业务规则及系统设置的前提下，将保单持有人变更为受托人，形成受托人管理信托财产的信托制度。受托人按信托合同的约定管理、运用、处分信托财产。

通常人们对保险金信托的理解就是信托理财。信托理财只是单纯的理财产品，和保险金信托是两个不同的概念。保险金信托是"保险＋信托"的组合，其强大之处在于其可以做到财富的隔离和财富的传承。保险金信托的功能如图 2-6 所示。

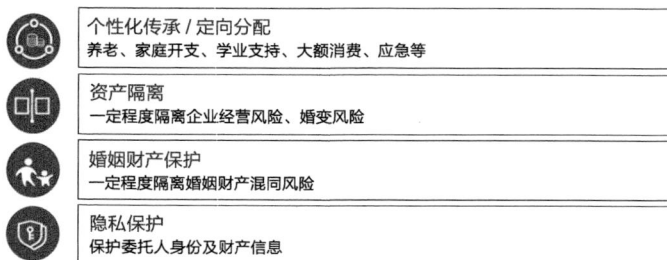

	个性化传承 / 定向分配 养老、家庭开支、学业支持、大额消费、应急等
	资产隔离 一定程度隔离企业经营风险、婚变风险
	婚姻财产保护 一定程度隔离婚姻财产混同风险
	隐私保护 保护委托人身份及财产信息

图 2-6 保险金信托的功能

保险金信托的主要作用是将财产的所有权与使用权相分离。

打个比方，我将我的房产转给了信托公司，条件是这套房子只能让我住，这样一来，这套房子的所有权就不属于我了。假如将来我欠了债，债权人想要以我住的这套房子偿债，由于这套房子名义上属于信托公司，因此债权人只能拿走我名下的财产，而不能拿走我住的这套房子。保险金信托流程如图 2-7 所示。

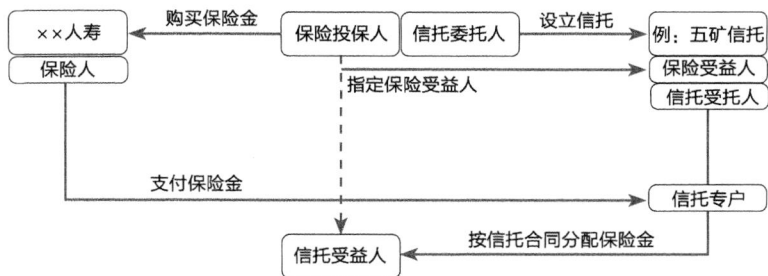

图 2-7 保险金信托流程

信托公司可以根据委托人的意愿，自由设定财产在未来如何分配。信托公司管理这部分财产，同时委托人向信托公司支付管理费。

很多购买了大额寿险的家庭会担心，一旦出现身故赔偿，孩子作为受益人一次性拿到巨额赔偿金可能会对成长不利，担心孩子挥霍。这时候保险金信托就可以发挥作用了，只需要将保单的投保人变更为信托公司，将保险受益人也变为信托公司，同时向信托公司提供如何使用赔偿金的计划（如分批在指定年份给孩子），就可以让信托公司代父母为孩子提供长期的照护。

委托人设立保险金信托后，委托人家属或其他第三方向作为受托人的信托公司查询时，信托公司无义务向其告知该信托存在与否。

在实践中，委托人可以在更大的范围内选择实际的信托受益人，而且不强制信托受益人在信托合同上签字，以确保较高的私密性。

另外，上市公司披露保险金信托的相应信息时，可对各个信托受益人进行隔离。委托人可以要求在次要受益人应领取信托利益时，受托人才可向次要受益人披露相关内容。

可能你会觉得保险金信托的门槛很高，可支配资产只有超过千万元才能进行保险金信托，这可就误会保险金信托了。保险金信托看重的是保额，对保费的要求较低，在实际中有些保险公司可以对总保费为 100 万元的保单进行保险金信托，这就让中产家庭也有机会用上保险金信托。

2.13 买完保险之后需要注意的事项

收到保险合同之后，不管是电子版还是纸质版，首先要做的是仔细核对投保信息，对需要特别提示的保险责任、责任免除、缴费信息等重要条款进行确认，并检查姓名、证件号码等是否正确。如果发现异常，可以通过保险公司的公众号进行修改。

购买长期保险两三天后，客户可能会接到保险公司的回访电话，客户也可以主动进行线上回访，这样就不会接到保险公司的回访电话了。回访是监管部门对保险公司的要求，保险公司会在电话中向客户确认是否自愿投保，是否清楚保险责任、责任免除、犹豫期及退保损失等内容。

投保后记得与家人说一下，因为保险公司是不会主动理赔的，需要有人来报案。比如在客户昏迷等极端情况下，家人如果不知道其买过什么保险，客户就很难享受到保险权益。

另外，对于身故的人，他人是无法直接查到他名下的所有保险的，所以保存好自己的保险信息十分必要。

在犹豫期内退保基本可以全额退还所交保费，犹豫期过后则只能退回保单现金价值，会有损失。一年期的意外险等没有犹豫期。

犹豫期过后就是等待期，医疗险的等待期通常是 30 天，在等待期内发生的保险事故通常是不赔的，除非是意外伤害所致。重疾险的等待期为 90~180 天，在重疾险等待期内患病，多数保险公司也会拒赔，并退还保费。在等待期内若体检出问题，也会对理赔造成影响。

案例 曾有客户在等待期内身体不适，致电某保险销售人员问能不能去体检，销售人员表示此时保单未生效，劝客户不要去医院检查，结果客户耽误了病情，导致死亡。

我举这个例子是想说，身体不适就要及时就医，不能为了等保险生效而耽误病情，得不偿失。

在断缴的情况下，保险还有宽限期。长期保险的宽限期为 60 天，若在这 60 天内发生风险事故，保险依然可以理赔；超过 60 天，保单进入中止状态，若此时发生风险事故，则保险不能理赔，但如果补缴保费，则可以恢复保单的效力。只要保单中止时长不超过两年则可以申请复效，超过两年，保单将终止，不再恢复。

第 3 章

保险的"坑"怎么避?

3.1 百万医疗险与中、高端医疗险

常见的医疗险按照责任等级划分，大体分为百万医疗险、中端医疗险和高端医疗险三类。

百万医疗险因其价格便宜，保额上百万元而得名。市面上主流的百万医疗险有一个共同的特点，即免赔额1万元，免赔额的意思就是不赔的钱，免赔额1万元代表1万元以内的金额该保险不赔。我们先聊聊免赔额的事。

3.1.1 绝对免赔额与相对免赔额

绝对免赔额，指保险合同中规定的保险人对约定数额以下的损失绝对不承担赔偿责任的免赔限额。绝对免赔额为1万元，即客户要自费超过1万元，才能申请理赔。

而相对免赔额则不同。相对免赔额，指当损失达到约定数额后，保险人对约定数额以下的损失部分也予赔偿，即通过社保或其他渠道报销的金额，也算在免赔额里，只要总计达到 1 万元，保险公司将全额理赔。

显然具有相对免赔额的医疗险对客户更友好，可以减少客户的自费金额，只是市面上多数医疗险都采用绝对免赔额。

3.1.2 "无社保"还是"有社保"

投保医疗险的时候会看到一个选项，即选"无社保"还是"有社保"。这可不是指投保人是否有社保，而是指投保人在将来申请理赔时是否需要先经过社保报销。

选择购买有社保版的医疗险，在理赔的时候，必须先经过社保报销，再减去免赔额度，剩下的部分才能申请医疗险理赔；如果没经过社保报销，而是直接申请医疗险理赔，则保险公司只能赔付 60% 的金额。这一规则被各家保险公司采用。

选择有社保版的医疗险的隐患在于，假如客户去医院就医，在当前医院医保控费制度下，有些医院当年的医保额度用完了，就不希望患者再占用医保额度，这会对患者就医造成一定障碍。有的患者为了能及时治疗，会选择自费，不占用医保额度，那将来申请理赔时，保险公司也只能赔付 60% 的医疗费用。有些医院不是医保定点医院，也就不存在用医保结算，患者在这样的医院就医，保险公司也只能赔付 60% 的医疗费用。

解决上述问题的办法就是，在投保时选择无社保版的医疗险。无社保版的医疗险的保费比有社保版的略高，但对患者来说方便很多，例如异地就医，无须以社保身份结算，不用走异地就医报备流程，而且医生在给这类患者开药治疗时可选择范围很大，无须限制在医保基金支付范围内。

3.1.3 中端医疗险：理赔体验更好

有没有不设免赔额、不用自费 1 万元就可以全额报销的医疗险？答案是有，即 0 免赔额的中端医疗险。

中端医疗险不是产品名称，只是业内俗称，用以区别百万医疗险。中端医疗险与百万医疗险的区别主要体现在免赔额的自由设定、可以附加门诊责任以及覆盖公立医院的特需部 / 国际部的费用报销方面，百万医疗险一般只能在公立医院的普通部使用。

特需部 / 国际部的医疗条件要比普通部的好很多。在公立医院的特需部 / 国际部就诊不能用医保结算，且医疗费用通常是在普通部的 3~5 倍，特需部 / 国际部就诊患者较少，在这里坐诊的通常是经验丰富的医生。目前越来越多中产家庭选择用中端医疗险替代百万医疗险。

3.1.4 保证续保重要吗?

医疗险是缴一年保一年的短期险种,而且保费会随着年龄的增长而增加。由于医疗险是短期险种,保险公司有权决定第二年是否接受客户续保。这可能会导致出现两种情况:一种情况是,客户当年申请了理赔,保险公司赔付之后,第二年拒绝续保;另一种情况是,产品停售,保单到期之后无法续保。那么,有什么办法可以避免这两种情况发生呢?

保险公司为了解决客户的这一问题,推出了可以保证续保的长期医疗险,目前市面上有保证续保 6 年、10 年、15 年、20 年的长期医疗险产品。由于受监管部门的限制,保险公司不得对短期医疗险承诺保证续保,但长期医疗险则不受此项规定约束。

尽管有了长期医疗险,但最长续保时间也只有 20 年,这是因为保险公司担心未来医疗价格上涨,患者赔付情况不确定,不敢轻易承诺终身保证续保。

但即使有了保证续保 20 年的医疗险也不代表可以安枕无

忧，因为只承诺 20 年内可以无条件续保，但并没有承诺 20 年内续保的保费不变。假如出现不好的情况，比如医疗险保费每年涨价 30%[1]，客户可能因为价格太高就不想续保了。

而有些保险公司的医疗险产品虽然不承诺保证续保，但由于这类保险公司经营稳健，理赔数据稳定，因此产品的续保稳定性有一定程度的保障。在保障责任范围方面，这种产品往往要大于保证续保的医疗险。

比如保证 20 年续保的长期医疗险，有 1 万元免赔额，在长达 20 年的保证续保期间，客户并未发生重大疾病，所花费的医疗费均未达到 1 万元以上，这 20 年中没有申请过一次理赔，但 20 年后还能否继续投保也存在不确定性：可能该产品已经停售了，或者客户的身体情况发生变化不符合重新投保的条件。这样来看，选择 0 免赔额且不保证续保的医疗险，获得理赔金的可能性更大，客户的体验可能会更好一些。

1　30% 是有的产品涨价的规定上限，有的产品则不设上限。

3.1.5　高端医疗险：更优质的医疗资源

高端医疗险的特点不仅是可以报销高额的医疗费，它独特的医疗直付服务能提升患者的就医体验。所谓的直付，指的是患者去就医，不需要缴费，所有的治疗费由保险公司与医院直接结算，客户只需在账单上签字即可，免去了患者事后理赔的流程。

很多知名医院的专家号一号难求，但如果你购买的高端医疗险附加了门诊责任，则可以优先挂到号。**高端医疗险如果附加了门诊责任，患者则可以享受由保险公司提供的挂号服务。**

有些疑难病患者可能希望去国外治疗，但是高昂的花费不是普通家庭能承担，而高端医疗险可以理赔国际医疗费。因此，在一定情况下，拥有高端医疗险就相当于拥有了一份保障，而高端医疗险的保费少则几千元，多则数万元，具体还要根据保障责任的范围来确定。

3.1.6　高端医疗险中的孕产责任

现在越来越多的家庭选择去私立医院生孩子。私立医院能够提供舒适的环境，产检不用排队，有宽敞明亮的产房，有营养丰富又美味的孕妇餐食，还有体贴细心的护士。

当然在私立医院生孩子的花费也是公立医院的好几倍，少则 5 万～6 万元，多则 10 万～20 万元，而这还仅仅是基础生育费。万一在生育过程中发生突发状况，比如孕妇大出血等，需要特殊护理，那么花费会更高。

据此，保险公司推出了可以报销国内外私立医院生育费的高端医疗险，这种高端医疗险的保费略高于生育费，但可以报销生育费。这里的生育费包含日常的挂号费和产检费，这种高端医疗险也能报销突发情况导致的高额医疗费用。

拥有了高端医疗险就算实现了就医自由吗？显然没这么简单。

一个人得了重大疾病，除了需要花费高昂的治疗费之外，还有很多经济损失。首先是不能继续工作，收入中断；其次是医院周边的住宿费很贵，这是因为多数患者和家属为了方便就医和照护，会选择住在医院附近；最后是出院之后的康复治疗，需要消耗很长时间，要请护工，或者买营养品等，生活开销很大。

以上提到的花费，都不在医疗险的报销范围内，因此需要购买重疾险。下节讲解如何选择重疾险。

3.2 重疾险的"坑"有哪些？

3.2.1 病种数越多越好吗？

重疾险就是人们常说的"大病险"。

规定的重大疾病的种类和数量各家保险公司略有不同，但通常都包含 28 种常见的重大疾病，这是中国保险行业协会与中国医师协会联合制定的规则，如图 3-1 所示。这 28 种重大疾病已经涵盖了 95% 以上的高发重大疾病，剩下 5% 是不常见重大疾病。

中国保险行业协会、中国医师协会规定的 28 种重大疾病

1	恶性肿瘤——重度	6	严重慢性肾衰竭	11	严重脑炎后遗症或严重脑膜炎后遗症	16	心脏瓣膜手术	21	严重特发性肺动脉高压	26	严重慢性呼吸衰竭
2	较重急性心肌梗死	7	多个肢体缺失	12	深度昏迷	17	严重阿尔茨海默病	22	严重运动神经元病	27	严重克罗恩病
3	严重脑中风后遗症	8	急性重症肝炎或亚急性重症肝炎	13	双耳失聪	18	严重脑损伤	23	语言能力丧失	28	严重溃疡性结肠炎
4	重大器官移植术或造血干细胞移植术	9	严重非恶性颅内肿瘤	14	双目失明	19	严重原发性帕金森病	24	重型再生障碍性贫血		
5	冠状动脉搭桥术（或称冠状动脉旁路移植术）	10	严重慢性肝衰竭	15	瘫痪	20	严重Ⅲ度烧伤	25	主动脉手术		

图 3-1　中国保险行业协会、中国医师协会规定的 28 种重大疾病

讲到这，你可能就明白了重疾险产品覆盖的病种数其实没那么重要，因为不同的重疾险产品覆盖的高发重大疾病基本上是一样的。

重疾险的合同条款比较复杂，普通消费者很难有透彻的理解，但在专业人士看来，筛选重疾险关注的要点并不复杂。

随着人均寿命的增加，人们患重大疾病的概率也在增大，从理论上来讲，每个人都有可能患癌症。癌症的特点是易复发和转移，每次发病所需要的治疗费都很高，所以重疾险也就此需求推出了多次赔付责任的产品。

3.2.2 多次赔付的"坑"

不同的多次赔付的保险产品是有区别的，我们需要辨别的是多次赔付的条件是否苛刻，有些知名保险公司推出的重疾险虽然在宣传时强调是多次赔付，赔付次数从 2 次到 6 次不等，但仔细研究保单条款就会发现，它们的多次赔付是有条件限制的。

我们以某知名保险公司的一款重疾险合同列出的重大疾病为例，如表 3-1 所示。

表 3-1 某知名保险公司重疾险合同列出的 120 种重大疾病

第一组	第二组	第三组	第四组	第五组
恶性肿瘤——重度	重大器官移植术或造血干细胞移植术	较重急性心肌梗死	严重脑中风后遗症	多个肢体缺失
侵蚀性葡萄胎	严重慢性肾衰竭	冠状动脉搭桥术（或称冠状动脉旁路移植术）	严重非恶性颅内肿瘤	双耳失聪
严重的骨髓增生异常综合征	急性重症肝炎或亚急性重症肝炎	心脏瓣膜手术	严重脑炎后遗症或严重脑膜炎后遗症	双目失明
原发性骨髓纤维化	严重慢性肝衰竭	严重特发性肺动脉高压	深度昏迷	严重Ⅲ度烧伤
	重型再生障碍性贫血	主动脉手术	瘫痪	严重克罗恩病
	严重慢性呼吸衰竭	严重原发性心肌病	严重阿尔茨海默病	严重溃疡性结肠炎
	系统性红斑狼疮——Ⅲ型或以上狼疮性肾炎	严重冠心病	严重脑损伤	重症急性坏死性筋膜炎
	肾髓质囊性病	严重心肌炎	严重原发性帕金森病	严重类风湿性关节炎
	1型糖尿病或胰岛素依赖型糖尿病	肺源性心脏病	严重运动神经元病	多处臂丛神经根性撕脱伤
	原发性慢性肾上腺皮质功能减退症	感染性心内膜炎	语言能力丧失	丧失一肢及单眼
	胰腺移植	Ⅲ度房室传导阻滞	脊髓内肿瘤	溶血性链球菌性坏疽

第一组	第二组	第三组	第四组	第五组
	经输血导致的艾滋病病毒感染或患艾滋病	艾森门格综合征	多发性硬化	严重面部烧伤
	严重弥漫型系统性硬皮病	严重慢性缩窄性心包炎	全身性重症肌无力	严重出血性登革热
	严重原发性硬化性胆管炎	风湿热导致的心脏瓣膜疾病	严重脊髓灰质炎	原发性脊柱侧弯的矫正手术
	严重急性坏死性胰腺炎	主动脉夹层动脉瘤	严重肌营养不良症	嗜铬细胞瘤
	严重慢性复发性胰腺炎	严重大动脉炎	植物人状态	埃博拉出血热
	严重自身免疫性肝炎	严重川崎病	非阿尔茨海默病所致严重痴呆	严重成骨不全症Ⅲ型
	严重获得性或继发性肺泡蛋白沉积症	心脏黏液瘤手术	进行性核上性麻痹	狂犬病
	肺淋巴管平滑肌瘤病	严重心力衰竭心脏再同步治疗	肝豆状核变性	破伤风
	严重肠道疾病并发症	头臂动脉型多发性大动脉炎旁路移植术	严重药物难治性癫痫手术	丝虫病所致象皮肿
	弥散性血管内凝血	左心室壁瘤切除手术	进行性多灶性白质脑病	严重强直性脊柱炎
	严重哮喘		脑动脉瘤破裂出血开颅夹闭手术	严重斯蒂尔病
	败血症导致的多器官功能障碍综合征		脊髓小脑性共济失调	严重巨细胞动脉炎

第一组	第二组	第三组	第四组	第五组
	范科尼综合征		克 – 雅病	埃德海姆 – 切斯特病
	严重 A 型或 B 型血友病		严重神经白塞病	严重气性坏疽
	肺孢子菌肺炎		脑型疟疾	
	因职业关系导致的艾滋病病毒感染或患艾滋病		疾病或外伤所致智力障碍	
	严重血栓性血小板减少性紫癜		开颅术	
	溶血性尿毒综合征		肾上腺脑白质营养不良	
	原发性噬血细胞综合征		异染性脑白质营养不良	
	严重希恩综合征		严重脑桥中央髓鞘溶解症	
	胆道重建术		闭锁综合征	
			严重原发性轻链型淀粉样变	
			严重瑞氏综合征	
			严重脊髓空洞症	
			皮质基底节变性	
			亚历山大病	
			严重多系统萎缩	

这份合同上列出的 120 种重大疾病分为了 5 组。为什么要分组呢？因为合同约定同组的疾病，只能赔一种，赔了一种，同组的其他疾病就无法获赔，这样获得多次赔付的概率就减少了。所以我们选重疾险应该优先考虑不分组的重疾险。

但是在不分组的重疾险产品中，获得二次赔付的概率还是有所不同，这就要看合同中是否有"三同"条款。

"三同"指同一疾病原因、同次医疗行为、同次意外伤害事故。

"三同"条款指保险合同约定，若被保险人因同一疾病原因、同次医疗行为、同次意外伤害事故，被同时确诊两种或者两种以上的重大疾病，保险公司仅按一种疾病赔偿的条款。

举个例子，当一个人被确诊为白血病，在之后的日子要做骨髓移植，这涉及重疾险中两种重大疾病，第一种是恶性肿瘤，第二种是经重大器官移植术的疾病。若此人购买的重疾险含"三同"条款，则只能按其中一种重大疾病来赔，因为这两种病是由同一疾病原因所致的，但如果没有"三同"限制，则按照恶性肿瘤可获得一次赔偿，按照重大器官移植术还能获得一次赔偿。

需要注意的是，市面上多数重疾险是有"三同"条款限制的，所以需要专业的保险销售人员帮助客户筛选没有"三同"条款限制的重疾险产品。

3.2.3　如何设定缴费期限

在投保重疾险时，需要确定缴费期限，可以分期缴，也可以一次性付清。

我推荐分期缴，因为重疾险通常含有保费豁免的条款，意思是当发生保险理赔后，有多次赔付责任的重疾险会豁免后续所缴的保费。

分期缴费的年限通常是 20 年或 30 年，我倾向于选择按 20 年缴费。有些保险销售人员会说缴费期限越长越好，会建议客户选择按 30 年缴费。

选择按 30 年缴费的优势是年缴保费较少，但因为期限长，总保费也高。对一个成人来说，长达 30 年的缴费期，可能意味着退休之后还需要继续缴纳保费；若家长给孩子投保时选择按 30 年缴费，这意味着孩子成年后父母还需要继续给他缴保费。缴费时间过长，缴纳保费就会变成一种长期负担。

就算考虑到保费豁免，如果在缴费期前 20 年都没有患理赔范围内的重大疾病，那么选择按 30 年缴费的人所要付出的总保费，就可能会大于按 20 年缴费的人的总保费，这时按 30 年缴费的年缴金额低这一优势就不明显了。

3.2.4　要不要选投保人豁免

投保人豁免指的是当投保人发生重大疾病时，保费免缴。父母在给孩子投保时可选择投保人豁免，因为家长生病后如果还要继续支付孩子的保费，对家庭来说也是负担。

投保人豁免并不适用于所有情况。

投保人豁免是有条件的，它需要投保人本身的身体健康情况符合投保要求，其对投保人身体健康的要求比较严格，甚至比重疾险还严。很多客户在投保的时候容易忽略投保人豁免的健康告知要求，这为将来投保人豁免保费留下了隐患。

投保人豁免可以看作加在投保人身上的一个短期的简化的重疾险，这个简化的重疾险的保额逐年递减，因为豁免的后续保费是逐年递减的，但是每年的缴费金额不变。但投保人豁免又和重疾险不同，它的理赔金并不能取现，而是被看作后续应缴的保费，是要放在保险公司缴款用的。

根据上述分析可知，其实可以用给自己投保一个重疾险来替代投保人豁免，因为投保重疾险的要求比投保人豁免宽松，保额不会逐年递减，且理赔金可以取现，将这笔现金的一部分用于缴费，剩下的还能用于其他支出。

3.2.5 要不要加身故责任

可以说决定重疾险价格的主要因素就是身故责任，传统重疾险的身故责任是和主险捆绑的，不能取消。

保险公司为了提升产品的性价比，进一步降低保费，推出了身故责任可以自由选择的消费型重疾险，与之对应的带身故责任的重疾险就是储蓄型重疾险，这是因为身故责任即寿险责任，而寿险是有储蓄功能的。

不带身故责任的消费型重疾险的保费要比带身故责任的储蓄型重疾险便宜得多。对于刚刚工作不久的年轻人，如果预算有限，又需要有保障，那么这款产品是个不错的选择。

但是该产品也有不足之处：因重疾险需要在确定患重大疾病的情况下才可以获得理赔，若突发情况导致身故，由于还没来得及确诊，所以无法获得赔款。比如心脑血管疾病引发的猝死、意外身故等，这些都不在消费型重疾险的保障范围内。

针对这个不足之处，有人给出的建议是在消费型重疾险的基础上，再搭配一个定期寿险，用以抵御身故造成的风险。

这的确是个办法，定期寿险属于消费型产品，不具备储蓄功能，所以价格也便宜。但定期寿险是建立在一定年龄范围内的保障，当客户年龄超过定期寿险的保障区间后，定期寿险也就失效了，若后面想继续购买其他寿险，由于年龄增大，体质下降，就会变得十分困难。

所以单纯从省钱的角度来选保险会留下保障缺口，建议有条件的家庭购买储蓄型重疾险。某款储蓄型重疾险的现金价值表如表 3-2 所示。

表 3-2　某款储蓄型重疾险的现金价值表

保险合同年度末*	现金价值 / 元	保险合同年度末	现金价值 / 元
1	0	10	16 250
2	50	11	19 300
3	300	12	22 500
4	2 050	13	25 950
5	3 950	14	29 600
6	6 050	15	33 450
7	8 300	16	37 600
8	10 800	17	42 050
9	13 450	18	46 800

保险合同年度末*	现金价值 / 元	保险合同年度末	现金价值 / 元
19	51 750	48	255 100
20	57 100	49	264 500
21	62 100	50	274 000
22	67 350	51	283 600
23	72 850	52	293 250
24	78 600	53	303 050
25	84 650	54	312 850
26	91 000	55	322 750
27	97 600	56	332 650
28	104 550	57	342 550
29	111 850	58	352 200
30	119 450	59	361 650
31	125 050	60	370 950
32	130 850	61	380 100
33	136 950	62	389 200
34	143 250	63	398 300
35	149 800	64	407 450
36	156 600	65	416 450
37	163 650	66	425 300
38	170 900	67	433 900
39	178 400	68	442 150
40	186 100	69	450 050
41	194 000	70	457 550
42	202 100	71	464 500
43	210 450	72	471 000
44	219 050	73	476 900
45	227 800	74	482 250
46	236 750	75	486 850
47	245 850	76	491 100

保险合同年度末*	现金价值/元	保险合同年度末	现金价值/元
77	494 900	92	512 500
78	498 250	93	512 100
79	501 200	94	511 650
80	503 750	95	511 100
81	506 000	96	510 550
82	507 900	97	510 000
83	509 400	98	509 550
84	510 650	99	508 950
85	511 600	100	508 350
86	512 300	101	507 600
87	512 800	102	506 700
88	513 050	103	505 850
89	513 100	104	505 650
90	513 000	105	504 350
91	512 800	106	500 000

*保险合同年度末指每周年的保单缴费日。

即使客户购买的储蓄型重疾险一直都没有发生理赔，但一段时间后保单所含的现金价值将超过已交保费，到时候即使退保拿回现金也不亏本。消费型重疾险的现金价值会由低到高再走低，到最后将所剩无几。某款消费型重疾险的现金价值表如表3-3所示。

表 3-3 某款消费型重疾险的现金价值表

保险年度	年末现金价值 / 元	保险年度	年末现金价值 / 元	保险年度	年末现金价值 / 元
1	372	26	133 956	51	226 590
2	468	27	142 698	52	226 026
3	726	28	151 782	53	225 222
4	4 290	29	161 238	54	224 226
5	8 016	30	171 108	55	223 092
6	11 904	31	175 680	56	221 844
7	15 954	32	180 216	57	220 470
8	20 154	33	184 668	58	219 030
9	24 516	34	188 982	59	217 386
10	29 028	35	193 110	60	215 610
11	33 684	36	197 142	61	213 576
12	38 478	37	201 006	62	211 820
13	43 404	38	204 642	63	208 332
14	48 450	39	208 002	64	204 966
15	53 610	40	211 140	65	201 054
16	59 850	41	213 972	66	196 554
17	66 372	42	216 474	67	191 364
18	73 194	43	218 778	68	185 478
19	80 364	44	220 860	69	178 410
20	87 900	45	222 672	70	170 190
21	94 878	46	224 142	71	159 726
22	102 114	47	225 186	72	145 074
23	109 638	48	226 008	73	121 854
24	117 444	49	226 578	74	80 616
25	125 544	50	226 776	75	0

3.2.6　重疾险如何做好健康告知？

健康告知可以说是重疾险投保流程中非常重要的一环，它直接决定未来能否顺利获得理赔。可以说绝大部分保险拒赔案例，都是由投保人未如实告知相关情况所致的。这时候有一个专业负责的保险顾问能够引导投保人做好健康告知就显得十分重要了。

健康告知其实并不复杂，只需要牢记一个原则，即投保单问到什么，就答什么，不问则不答。但事实上很多人不知道投保单上的问题该如何回答，我下面将举例说明。

以下是某家保险公司的重疾险健康告知问卷（部分）。

14. 最近两年内是否在进行身体检查时发现异常（包括但不限于X光、心电图、超声波、内窥镜、CT、核磁共振、血液、尿液、病理检查）？或接受诊断、住院治疗、手术、输血、整容或治疗？是否有连续三周以上因受伤或疾病而不能工作或上学？

这个问题问到近两年内是否在进行身体检查时发现异常，并且列举了检查项目，那么客户按照要求回答近两年内的体检情况即可，两年以前的情况则不必描述。我国内地保险的健康告知属于有限告知，即根据问卷的要求作答即可；如果是香港保险的健康告知，则为无限告知，那么即使问卷没有提到，客户也应全部告知。

我们再来看另一个问题。

27. 您是否有或曾有任何以上未述及之受伤、异常症状、疾病、身体技能障碍或残缺、身体检查结果、诊断、输血或输血液制品？

这个问题问到是否有问卷没提到的异常情况，这就属于开放型问题，开放型问题超出了客户的告知义务，可以不用告知相关情况。

开放型问题多数属于保险公司核保人员给消费者挖的"坑"：客户如果主动提及了问卷中未提到的身体问题，那么保险公司有权对客户进行拒保或条件承保[1]；但即使客户没有告知问卷之外的情况，将来发生合同约定的保险事故时，保险公司也应该赔偿客户。

---

1 条件承保，业内也叫特约承保，指在原有的正常承保的基础上再附加一些限制条件，比如除外有关疾病、加费等。

重疾险等长期保险，受到《保险法》第十六条的保护。

订立保险合同，保险人就保险标的或者被保险人的有关情况提出询问的，投保人应当如实告知。

投保人故意或者因重大过失未履行前款规定的如实告知义务，足以影响保险人决定是否同意承保或者提高保险费率的，保险人有权解除合同。

前款规定的合同解除权，自保险人知道有解除事由之日起，超过三十日不行使而消灭。自合同成立之日起超过二年的，保险人不得解除合同；发生保险事故的，保险人应当承担赔偿或者给付保险金的责任。

投保人故意不履行如实告知义务的，保险人对于合同解除前发生的保险事故，不承担赔偿或者给付保险金的责任，并不退还保险费。

投保人因重大过失未履行如实告知义务，对保险事故的发生有严重影响的，保险人对于合同解除前发生的保险事故，不承担赔偿或者给付保险金的责任，但应当退还保险费。

保险人在合同订立时已经知道投保人未如实告知的情况的，保险人不得解除合同；发生保险事故的，保险人应当承担赔偿或者给付保险金的责任。

保险事故是指保险合同约定的保险责任范围内的事故。

这条法规的信息量巨大，其部分内容的含义如下。

对投保时间超过两年的保单，保险公司不能单方面解约。如果当初投保人未如实告知相关情况，那么只要过了两年，假如发生了事故要申请理赔，保险公司要看这个事故是否和两年前投保时未如实告知的内容有关联：如果有关联，则保险公司可以拒赔，但保单继续有效；如果没有关联，则应该理赔。

但如果事故发生在投保后两年内，假如客户因失误造成未如实告知相关情况，则保险公司有权解除合同并把保费退给客户。如果客户是故意隐瞒，那么保险公司不仅可以解除合同，而且可以不退保费。

有的人可能会认为买保险前应该做一次全面体检，拿着这次的体检报告去投保就能万无一失，我想说这种做法不可取。

一是仅一次体检不能保证结果完全正常，证明不了既往病症已痊愈，比如高血压、糖尿病等导致的异常指标可以通过药物达到正常水平，故一次体检结果不能说明没有患病。

二是如果投保前的体检查出了新的问题，则可能会影响投保结果。如本来能够以标准体承保，结果因为查出有结节变成了除外承保，得不偿失。

所以我们既要符合健康告知的要求，又要避免过度告知和盲目体检，这样才能最大限度地保障自身的权益。

3.3 意外险：看似简单又不简单

意外险大概是很多人初次购入的保险产品，意外险的价格低、理赔速度快，且使用频率高，客户获得感强。各家保险公司基本都推出了意外险，竞争激烈，所以产品同质化严重。

关于意外险，我处理的最多的案例是接种狂犬病疫苗。孩子喜欢和猫狗玩，也容易被猫狗弄伤，及时接种狂犬病疫苗是非常必要的。狂犬病疫苗不在医保报销范围内，但可以通过意外险获赔。

要从数千款意外险中选出性价比高的产品，需要重点关注几个指标。

1. 猝死责任：看清条款对猝死责任的判定标准，各家保险公司对猝死的定义不相同，猝死时间有 6 小时至 72 小时不等。

2. 依据伤残鉴定等级来定赔付金额：伤残赔付比例越高越好，伤残赔付比例决定在遭受重大意外事故时所获得的赔偿金的多少。

3. 意外险不限医保内用药，0免赔额。能够报销医保外治疗费的意外险更实用。

4. 免责条款：有些意外险有对医疗器械的限制，比如治疗骨折常用的夹板、轮椅等辅助器具不在医保报销范围内。要注意甄别，选免责条款少的意外险产品。

5. 理赔流程：其实理赔流程是我十分看重的指标，理赔流程越简单，所需要的材料越少，客户的体验就越好。现在多数保险公司的意外险都可以在线上申请理赔，客户可以点开任意保险公司的理赔小程序看看里面所列的意外险理赔所需的材料，越少越好。

现市面上针对外出游玩人群设计的旅行险，也可以视为意外险。

旅行险的特点是保障时间按天计算，无健康告知，价格实惠，由于多数旅行险附加的责任要比传统意外险的多，所以具有较大的优势。

好的旅行险除了保障常见的意外伤害，还附加急性病医疗责任。如果游客在外游玩时突发急性病，比如急性阑尾炎、食物中毒、中暑等不可预知的突发性疾病，就可以用旅行险报销治疗费。

投保旅行险时需要清楚旅行的目的地，分为境内和境外两大类。外交部明令禁止前往的国家或地区，旅行险是不保的。

部分旅行险还附带医疗运送和转运责任及救援计划。如果在旅行过程中发生事故，可以及时联系保险公司进行救治，必要的时候可以用直升机急救。一款保障全面的旅行险如图3-2所示。

保险责任	查看详情
意外身故及伤残保障	100万元
双倍给付意外伤害	100万元
急性病身故	5万元
医药补偿	100万元
医疗运送和送返	实际费用
身故遗体送返	实际费用
旅行者随身财产	2万元
个人钱财	5000元
每日住院津贴	200元/天
旅行证件遗失	25000元
旅行延误	1800元
行李延误	2000元
旅行变更	2万元
慰问探访费用补偿	2万元
个人责任	100万元
家居保障	2万元
未成年人旅行送返费用补偿	1万元
旅行绑架及非法拘禁	18000元
银行卡盗刷	15000元
（可选责任）旅行延误	1800元

立即投保

图3-2　一款保障全面的旅行险

从图 3-2 中我们可以看到一款保障全面的旅行险都包含哪些责任。银行卡盗刷、行李延误、旅行变更、旅行证件遗失等是旅行中经常发生的状况，旅行险可以对其进行赔偿，客户也会获得一点儿安慰。

3.4 年金险：与生命等长的现金流

为什么我们要配置年金险？因为年金险可以防范长寿风险。年金险被称为"与生命等长的现金流"，因为年金险可以给年老的我们提供保障。

年金险的特点是什么？简单来说，年金险的主要特点就是在约定好的时间，给客户返钱——有按月返的，也有按年返的；有可以返一段时间就终止的，也有可以返一辈子的。

3.4.1 教育年金

根据返钱的时间，年金险可以分为给孩子用的教育年金，给成人用的年金和给退休人士用的养老年金。但实际操作过程中，年金险的应用会更灵活，并不是说某款年金只适合某个年龄段的人。

对家长来说，有两大必需支出：一个是孩子的教育花费，另一个就是养老花费。

孩子接受教育阶段所需要的教育金是一笔不小的支出。家长要提前预留这部分钱，就需要开一个专款账户，且要保证该账户的安全，如果有收益那就再好不过了。

教育年金能满足家长的上述需求。教育年金的挑选其实特别简单。

首先可以比较哪款产品的收益高，其次要结合自己的需求，例如希望在孩子多少岁的时候返钱。不同教育年金产品的返钱时间不同：有些产品会在孩子高中时期返钱；有些产品会从孩子 18 岁开始返钱，直到孩子大学毕业；还有些产品会在孩子结婚的时候返一笔婚嫁金。我们可以根据自己对孩子未来的规划来选择产品。

3.4.2　养老年金

人不一定会生病，但一定会变老。人老了不一定会赚钱，但一定会花钱。人老时花的钱，很有可能是年轻时存下来的钱，所以一定要提前准备养老的钱，专款专用，不要挪用。

将年金险返钱的时间设定在退休之后，年金险就变成了养老年金。养老年金的一个作用是补充基本养老金的不足。对部分人而言，只靠基本养老金来养老是不够的。比如对高收入人群来说，其大部分收入是分红等非工资收入，这部分收入不计入社保缴费基数，为了维持年老后生活水准不下降，这部分高收入人群尤其需要给自己购买足额的养老年金。

养老年金的另一个作用是强制储蓄。所谓的强制储蓄，就是把缴费期限延长，这样就能形成一个固定缴费的习惯，所缴的保费是未来返给我们的养老金。因此用一部分钱购买养老年金，也有助于攒钱。

在一些发达国家，居民养老的资金主要来源于自行购买的商业养老保险。随着我国社保制度改革的不断推进，市场化程度加深，商业养老年金作为养老第三支柱，将成为重要的居民养老收入来源。

3.4.3 年金险的其他功能

无论是教育年金还是养老年金，**年金险除了能保证获得持续的现金流，还有一个功能就是可以保护财产。**

年金险的投保要求是非常低的，多数年金险都免健康告知，对因身体情况不佳甚至是正在患病而无法购买其他人身保险的人，年金险是一个不错的选择。

年金险在防范婚姻风险中，也发挥着作用。

有些家庭，一人出去工作赚钱，另一人全职在家，全职在家的一方由于没有收入来源，一旦发生婚变，则有可能陷入生计困境。解决这一问题的方法之一，可以是全职在家的人提前为自己买好年金险，万一日后离婚，法院也会酌情考虑，尽量不分割或者少分割弱势一方名下的年金险。

年金险还有一个隐藏的优势：年金险的现金价值，在开始投保之后会逐年递增，有些产品在到达领取时间之后，现金价值就开始递减了，甚至有些年金险的现金价值会直接降为 0 元。

可能你会觉得这样的产品不好，现金价值应该越高越好。但凡事都有例外，开始领取后现金价值逐渐降为 0 元的产品也有它的好处。

试想当一个人达到退休年龄之后，可每年按时领取养老年金，如果他的保单还有现金价值，他可能会因帮子女解决债务纠纷，而不得不把保单退掉，领取现金价值，但这对其养老是不利的。如果保单没有现金价值，那就没人惦记了。开始领取后现金价值低到 0 元的年金险产品，往往养老金收益也会高于有现金价值的产品。

3.5　寿险：承担财富保值与传承的职责

寿险作为最先推出的保险之一，它的重要性不言而喻。前一节介绍了年金险，多数年金险是围绕客户本人展开的，而寿险则更侧重将财富传承给他人，这是寿险和年金险的区别之一。

寿险大体分为三类：定额终身寿险、增额终身寿险和定期寿险。

3.5.1　定额终身寿险

如果你希望在你身故之后留给子女价值 1 000 万元的房产，你需要做哪些工作？

首先你需要征得家人的同意，然后是立一份遗嘱。为了保证遗嘱的公正性，你还需要做公证。当你的子女拿着遗嘱来继承这套房产时，也许还要缴纳一笔税费。这套房产在未来的价值是不确定的，所以继承遗产的流程恐怕不会像前述那么简单。

但是如果你买了定额终身寿险，事情就变得简单多了。

保额固定不变的寿险就是定额终身寿险。若我想给自己的子女留1 000万元，那么我就可以购买保额为1 000万元的定额终身寿险，所需要支付的保费可能为两三百万元。子女年龄越小保费越低，寿险是有杠杆的。我只要将定额终身寿险的受益人指定为我的子女，待我身故之后，子女凭借和我的关系证明，即可以从保险公司领到这笔钱，而且也不需要缴税。

定额终身寿险自带的储蓄功能会让保单的现金价值持续增加。按照目前监管部门规定的预定利率上限3%计算，不同保险公司寿险的内部收益率会趋近于3%，但不会超过这个数字，不同时期的现金价值合同中是会载明的，相信在二三十年之后，现金价值的增加会显得格外突出。

打个比方，如果我能活到100岁，那么即使我不去做身故理赔，我退保拿回的现金也相当于保额。

3.5.2　增额终身寿险

增额终身寿险的特点是保额不固定。若觉得固定的额度不能满足需求，希望留更多的钱给受益人，则客户可以选择增额终身寿险。这种产品的初始保额不高，现金价值会逐年递增。

增额终身寿险产品的保障功能被弱化了，身故理赔只有很小的杠杆，到保单中后期则无杠杆，保额即等于现金价值，这时无论是退保还是申请理赔，拿到的钱都一样。所以增额终身寿险更像储蓄型保险，保单的现金价值增长空间略大于定额终身寿险。

增额终身寿险可以灵活做部分退保取现，但不可以随意取现。目前常见的产品的取现金额都受每年 20% 的限制，也就是说每年最多可以拿出五分之一的钱来用，但如果全额退保则不受限制。

这种灵活取现的功能可以用增额终身寿险做养老规划，即可以在不同年份拿出一部分钱来缴学费或养老。但我并不推荐用增额终身寿险来替代养老年金，因为增额终身寿险越取越少，会影响收益，不如养老年金的刚性给付功能稳妥。

3.5.3　定期寿险：花小钱，办大事

正常情况下，终身寿险是 100% 会赔付的。因为人终有一死，这种未来一定会发生的理赔也使得终身寿险的价格偏高。对部分人来说，一次性购买几百万元保额的终身寿险比较困

难，保险公司针对这部分人群设计了定期寿险，保障年龄段多在 0~80 岁。

根据我国目前的人均寿命增长趋势，未来活到 80 岁以上的人是多数。人在青壮年时期身故的概率很小，所以青壮年阶段的寿险价格就很便宜。

我建议所有家庭都适当配置定期寿险，尤其是有房贷的家庭。定期寿险的保额可以等于甚至略大于家庭负债。通常而言，定期寿险的保费不会对生活造成太大影响，但能给人巨大的安全感。

3.5.4 人寿保险理赔金免征个人所得税

《中华人民共和国个人所得税法》第四条明确规定，保险赔款免征个人所得税。

第四条 下列各项个人所得，免征个人所得税：

（一）省级人民政府、国务院部委和中国人民解放军军以上单位，以及外国组织、国际组织颁发的科学、教育、技术、文化、卫生、体育、环境保护等方面的奖金；

（二）国债和国家发行的金融债券利息；

（三）按照国家统一规定发给的补贴、津贴；

（四）福利费、抚恤金、救济金；

（五）保险赔款；

……　……

此外，关于人寿保险理赔金是否征收遗产税，目前我国暂无遗产税，即便未来征收遗产税，征收范围也不大可能包含保险理赔金，因为人寿保险的理赔金不属于被保险人的遗产（《保险法》另行规定的情况除外），其由保险公司直接支付给受益人，不会计入被保险人的遗产。而被保险人的其他非现金遗产需要按照评估价值计算遗产税。遗产税的征收原则通常是先完税，再继承。

3.6 分红型保险：保障与收益兼顾

分红型保险是指保险公司将其实际经营成果优于定价假设的盈余，按一定比例向保单持有人进行分配的人寿保险产品。本质上来说分红型保险属于传统保险。

自从我国保险的预定利率上限降到 3% 之后，从 2024 年开始，带有分红性质的年金险和寿险便逐渐成为市场的主流。这类产品能够弥补固定利率产品对保险公司形成的巨大利差损。

所谓利差损，是指保险资金投资收益率持续低于保险公司存量保单的平均预定利率而造成的亏损。通俗来讲，就是保险公司怕投资赚的钱没有赔付的多。由于新的分红型保险的保证利益都比较低，保险公司兑付的压力就小了很多，不易产生利差损。

通常来说，保险公司的利润来源于卖保险的利润和收取保费后用于投资的超额收益，这部分超额收益将按照保单分配比例，以不低于 70% 的比例向客户派发分红利益。

　　有分红就有预期，如果未来经济形势好，分红就十分可观，但如果经济形势不好，分红就会减少，甚至不分红，所以购买分红型保险需要明确该保险的收益具有不确定性。

3.7 何为万能账户?

在购买寿险或年金险的时候,销售人员往往会建议附加万能账户。所谓的万能账户,可以灵活支取,也可以往账户里追加保费,但它也是一类保险,也有相应的保障功能,只是保障功能偏弱,可以忽略不计。

万能账户通常涉及两个利率。

一个叫保证利率。保证利率是合同约定好给到客户的最低收益,保证利率目前有 2% 或更低的,前些年保证利率曾高达3.5%,以后保证利率可能还会下调。

另一个叫结算利率,其以月、季度或年为单位统计,目前上限是 4%,曾经一度超过 5%。结算利率是不确定的,根据保险公司的经营投资情况确定,会上下浮动:当结算利率低于保证利率时,按照保证利率给客户回报;当结算利率高于保证利率时,按照结算利率给客户回报。

不过万能账户的保证利率高,并不一定就是好事。

从保险公司的角度来讲，如果保证利率高，保险公司为了能够保证兑付，在投资策略选择上就会倾向于保守策略。保守的投资策略可能会导致投资收益偏低，这可能会反映到结算利率也会跟着走低。

如果保证利率低，保险公司所需承担的兑付压力小，在做投资决策时可能更大胆。这么看的话，保证利率低的万能账户实际收益可能未必低。

保险公司推出万能账户，并不是靠储蓄在里面的资金赚钱，销售人员推荐万能账户，也不是为了业绩，因为相比于其他寿险产品，推荐万能账户获得的佣金很少，几乎为0。

保险公司设计万能账户的初衷是盘活客户的银行存款，将存款挪到保险公司的账上，保险公司能够掌握客户的现金储备情况，客户则可以用万能账户里的钱来缴保费购买新的保单。

需要注意的是，尤其是在投保的前5年，将钱转入万能账户会支付相应比例的手续费，取现也需支付手续费。

上述手续费会在投保若干年后以奖金的形式返还给客户，以鼓励客户长期储蓄。因此如果短期内有资金需求，将钱存在万能账户里就不太合适，它适合有5年以上的储蓄计划的客户采用。

3.8 投资连结保险：通过保险公司去炒股？

投资连结保险（以下简称"投连险"），也叫变额寿险，其类似于通过保险公司购买基金。

投连险的特点是收益无上限，但是不保本，具有保险的各种保障功能，但都和投连险的资金额度挂钩，几乎没有杠杆。

客户可以根据投资偏好，选择账户资金的投资去向，再由保险公司专业的投资团队负责管理，赚到的钱全部归客户所有，但是亏损也要客户自己承担，保险公司赚取的只是管理费用。

投连险通常对保险销售人员的资质要求很高，没有取得投连险销售资格的业务员无权售卖该类产品。目前我国市面上在售的投连险种类不多。

3.9 保单贷款：提升资金的灵活性

有现金价值的保单，都可以申请获得保单贷款，保险公司按照保单现金价值的 80% 放款。获得保单贷款的操作很简单，一般的申请流程是在保险公司的微信公众号或 APP 上操作，放款速度很快，多数情况下都可以当天到账。保单贷款采取先息后本的还款方式，还款周期最长半年。

保单贷款对有短期资金周转需求的人来说非常方便，资金使用成本低，而且不与征信挂钩。因为保险公司并不担心你不还款，违约了可以用现金价值抵账，使用保单贷款也不影响保单效力，提高了保险资金的灵活性。

3.10 保险公司破产怎么办？

我被问得最多的关于保险的问题是：如果保险公司破产了，我的保单怎么办？在长达几十年甚至终身的保障期间内，保险公司能否持续稳定地经营，确实至关重要。

但是我想说，我们不必担心保险公司破产，因为国家有一套健全严格的保险监管办法以应对保险公司破产等一系列问题。

2020年9月14日，某保险集团当日发布公告，决议解散公司，并成立清算组。该保险集团因经营不善，在第二代偿付能力监管制度体系的压力测试中未达标，被监管部门及时发现，监管部门提出了相应的应对办法。《保险法》相关规定如下。

第八十九条 保险公司因分立、合并需要解散，或者股东会、股东大会决议解散，或者公司章程规定的解散事由出现，经国务院保险监督管理机构批准后解散。

经营有人寿保险业务的保险公司，除因分立、合并或者被依法撤销外，不得解散。

保险公司解散，应当依法成立清算组进行清算。

第九十二条 经营有人寿保险业务的保险公司被依法撤销或者被依法宣告破产的，其持有的人寿保险合同及责任准备金，必须转让给其他经营有人寿保险业务的保险公司；不能同其他保险公司达成转让协议的，由国务院保险监督管理机构指定经营有人寿保险业务的保险公司接受转让。

转让或者由国务院保险监督管理机构指定接受转让前款规定的人寿保险合同及责任准备金的，应当维护被保险人、受益人的合法权益。

该保险集团重组之后，客户的保单继续有效，在 2020 年 2 月 23 日北京日报刊登的《银保监会 ×× 接管组组长：1.5 万亿中短期理财全部兑付》中，中国银保监会某保险集团接管组组长表示：在某保险集团原有保险客户的权益保护方面，截至 2020 年 1 月，接管某保险集团发行的 1.5 万亿元中短存续期储蓄型保险已全部兑付，未发生一起逾期和违约事件。我们也是在这方面花了特别大的力气，想办法筹措资金，把 1.5 万亿元保单全部如期兑付了，这个保单也没有出现一单违约，没有动国家财政一分钱，就是用行业的保险保障基金做了一个过渡，所有投保人的保单利益都得到了切实保障。

可以说不仅是该保险集团的客户利益得到了保障，我国至今也从未发生任何一起因保险公司破产致使客户保单利益受损的事件。保险的安全性不言而喻，不论是中资、民营、合资还是外资保险公司的保险产品，你都大可放心购买。

3.11　养老社区就是养老院？

提供养老社区入住权并不属于保险产品，而是保险公司提供的增值服务。养老社区由第三方养老机构独立运营，只是有些养老社区与保险公司同属一个集团公司。

养老社区不同于传统的养老院。传统的养老院或许能提供基本的生活照护，但养老社区更像是老人度假村。养老社区采用独立的单元门形式，老人在养老社区可以选择参加各种娱乐活动。比如有人喜欢唱歌跳舞，养老社区会为其安排专业的导师，指导其排练；有人喜欢文体活动，养老社区也会提供专业的场地让其使用。

对于老人关心的医疗问题，养老社区内配套有社区医院，方便老人及时就医；社区配有 24 小时护士站，老人若发生任何突发情况都能及时得到救治。

养老社区每天提供多种口味的餐食，适合不同口味的人，养老社区也会针对有特殊饮食需求的老人制作餐食。养老社区里面居住有高校教师、院士、公务员、企业家等，有社交需求的老人能在此找到志同道合的圈子。

可以说未来养老社区会得到更大的发展。

我国老人的数量逐年增加，所以养老社区的房间数量也会越来越紧张，为了提前锁定养老社区的名额，一些保险公司便同养老社区合作，推出了买保险达到一定额度之后送保证入住权的优惠活动。

需要强调的是，提供养老社区入住权只是保险的增值服务，而不应该成为买保险的目的，我们不能为了买赠品而花钱买保险。

需要知道的是，养老社区并不属于《保险法》监管范围，所以若养老社区未来发生经营风险，例如社区经营不善导致关闭，则只能算市场行为，客户因此而产生的损失不在保险合同的保障范围内。

如果你打算在年老时去养老社区住，且因此而买保险，保险本身可能并不是你想要的，那就要接受养老社区关闭等风险。

第 4 章

如何顺利拿到理赔金？

4.1 这也不赔，那也不赔？

保险之所以难卖，多少是因为买保险不像买包，它没有实物在手的那种获得感，有的只是一份合同，甚至当今绝大多数保险合同都电子化了，连纸质合同都快难觅了。

保险的获得感来自理赔金，当客户获得理赔金时，保险的价值才能体现出来。

所以我既害怕遇到理赔，因为有理赔就代表有不幸发生；但又希望理赔，因为其能证明我的工作是有价值的。

我时常在自媒体上看到这句话："保险只有两不赔，这也不赔，那也不赔。"其实这严重不符合事实。

和讯网 2024 年 1 月 29 日发表的文章《险企 2023 年理赔年报透视：获赔率超 98% 中青年群体已成重疾"高发区"》的部分内容如下。

岁末年初，保险公司理赔报告进入密集披露期。据不完全统计，截至 1 月 26 日，已有包括中国人寿、平安人寿、太保寿险在内的约 60 家人身险公司发布了 2023 年度理赔报告。

总体来看，目前已经披露年度理赔报告的公司，其总赔付金额已经超过 2 500 亿元，其中，有大型险企的赔付金额超过百亿元，中小险企的赔付金额则从千万元到亿元不等；保险公司的获赔率大多在 98% 至 99% 之间，也就是说，绝大多数人都能顺利获得理赔。

明明绝大多数客户都拿到了理赔金，为什么负面声音还是有很多呢？

我登录中国裁判文书网，浏览了大量与保险有关的纠纷案例才明白，所谓的保险拒赔的案例，多数是因为客户未如实告知相关情况，带病投保，或者是因为客户购买的保险压根不是疾病保险，而是储蓄型保险。

这可能源于销售人员的误导，所以错在人，而非保险本身。

保险理赔与客户在哪无关，即使客户所在地区没有保险公司分支机构也不影响理赔。

因为所有保险公司的理赔流程基本一致，分为线上理赔和线下理赔。线下理赔需要客户把理赔资料寄给保险公司，保险公司的理赔部门往往只在总部，即使客户把资料交给当地分支机构，分支机构工作人员还是要把资料再寄给总部。

保险合同里会写明获得理赔金所需的条件，就常规的疾病理赔，各家保险公司所需要的材料大体相同。以医疗险理赔为例，客户在治疗全部结束之后，拿着住院期间的全部病历、检查报告、医药费用清单和发票申请报销即可。

金额 3 000 元以下，可以通过手机线上理赔，大于 3 000 元则需要将单据寄给保险公司，等审核通过之后，即可获得理赔金。

保险公司对小金额理赔的审核速度非常快，这是因为**监管部门对保险公司的理赔时间有要求，最长不得超过 30 天**，否则保险公司将面临处罚。我们每个季度从中国保险行业协会官网公布的各家保险公司的理赔时间中可以看出，平均理赔时间都在 1 天之内。

对金额较大的案子，保险公司会委托第三方调查机构进行核实，目的是预防骗保。第三方调查机构会到客户就医的医院及相关医疗机构走访，有时会面访客户本人，询问一些常规问题，核实无误之后，保险公司就会将理赔金打给客户。

第三方调查机构会获取客户投保前的各种就医记录。不要小看第三方调查机构的能力，它们可以获取客户很久以前的就医记录，有些可能连客户本人都不记得。所以在投保的时候一定要如实告知相关情况，不要有侥幸心理。

只要客户投保时做到了如实告知，那么保险公司就没有理由拒赔。客户在接受调查人员问询时，有问有答，不问不答，甚至不想回答时也可以拒绝回答，这些都不会对理赔造成影响。

需要注意的是，医疗险的报销，只能通过一家保险公司申请，只有在一家保险公司的额度用完还有剩余的未报销款时，客户才能在另外的保险公司继续报销，而不能重复报销。但是重疾险这类给付型保险，则可以重复申请理赔，同一患者，可以同时获得多家保险公司的重疾险理赔金。

4.2 被拒赔了怎么办？

保险公司都有核赔部门，主要审核个案是否应该理赔，核赔部门的工作人员也分等级，有些初入行业的新人专员，对理赔规则不够熟悉，工作中难免出现纰漏，将本应该理赔的案子判断为拒赔。对这种情况，客户该怎么办？

只要申请保险理赔，即使不符合理赔要求，保险公司也会出具拒赔通知书，拒赔通知书会写清楚拒赔原因。客户拿到保险公司的拒赔通知书时，先不要上网控诉，也不要马上打监管投诉电话。

保险公司都有考核机制，公司内部会控制投诉率，在发生纠纷时，如果你打的是保险公司的投诉电话，那可能还有商量的余地，保险公司为了控制投诉率，可能会适当让步。

但如果你直接打电话到监管部门投诉，那监管部门就会记录一次保险公司被投诉，这种记录不可撤销，对保险公司来说既然已有投诉记录，即使采取相应的补救措施也晚了，其可能就会破罐子破摔，等客户发起诉讼。

正确的做法是客户根据拒赔通知书上的内容，判断自己是否还有复议的可能。比如保险公司给出的意见是不符合合同约定的疾病理赔条件，这里就存在两种可能：一种是确实不符合理赔条款，病种不在理赔范围内，或未达到理赔条件；另一种可能是医院病历的表述与保险合同有偏差，但实际意思一致。这时候客户需要请专业的医学人士解答，或者自行上网搜索相关资料。

就拿常见的恶性肿瘤来说，其在病历上的表述就有很多不同，这与医生的职业习惯有关。核保专员如果没有医学背景，他可能只会拿着评分卡对照病历做出判断，如果客户能拿出科学的解释材料，重新发给保险公司审核，成功理赔的可能性就很大。

还有简单的办法，就是客户找到当初卖自己保险的销售人员，请他协助申诉。一个经验丰富、专业靠谱的保险销售人员在这时就显得格外重要。

所以我在前文强调了不要找尝试返佣的保险销售人员买保险，因为如果将来他被开除了，你的保单将变成"孤儿单"，申诉难度将变大。

而如果你是在电子商务平台自行下单购买互联网保险，那发生纠纷时你只能自己去与平台和保险公司协商，因为互联网保险是没有线下销售人员提供支持服务的。可是人在生病之后，哪有那么多精力去处理纠纷呢？所以靠谱的保险销售人员十分重要。

第 5 章

案例分享

5.1 离婚之后的安全感是保险给的

王女士毕业于北京某高校，她与她老公是大学同学，两人在读研期间走到了一起，研究生毕业两年后，两人步入婚姻殿堂。第二年，她生下了一名可爱的女儿。为了照顾好女儿，王女士选择成为全职太太，让老公专心工作。

王女士老公的事业蒸蒸日上，他也变得非常忙碌，经常在各地出差，一家人很少能聚在一起。王女士的老公会定期往王女士的卡里打钱，王女士的物质欲望较低，平时也不讲究吃穿，便把钱存起来。

后经朋友介绍，王女士认识了一名保险销售人员，了解到年金险可以帮她做长期储蓄。王女士便分5年给女儿买入了一款快返型年金险，每年缴20万元保费，总保费100万元。该保险第五年之后开始返钱。

可是好景不长，由于聚少离多，王女士渐渐发现丈夫对她疏远了。有一天她无意间在丈夫的手机上看到有个女人和丈夫的聊天记录，内容让王女士震惊不已，原来丈夫已有外遇，万念俱灰的王女士果断选择离婚。

在法院分割财产的时候，被分割的财产包括女儿名下的100万元的年金险，由于王女士是家庭主妇，没有经济来源，法院考虑到王女士属于无过错一方，且这份保单在女儿名下，可以认定为夫妻赠予女儿的礼物，故不做分割，王女士作为女儿的监护人可以代为管理这一年金险的返现。

5.2 压岁钱该怎么用？为孩子做长期储蓄

马女士有个可爱又乖巧的儿子，每年过春节，家里的长辈都会给儿子压岁钱，每年加起来可能都有 10 000 元。马女士答应替儿子保管这笔压岁钱，等儿子长大后再还给他。

前两年马女士选择把压岁钱存在银行，以儿子的名义开了银行账户，但是近期马女士注意到，银行的存款利息越来越低，她想：儿子的压岁钱如果按照银行利息来算，等他成年之后，可能会贬值。

在一次幼儿园组织的亲子活动中，马女士了解到儿子的同学的家长用压岁钱给孩子买了一款增额终身寿险，于是马女士便找这位同学的妈妈打听了这款产品。

原来这是一款可以分很长时间缴费的储蓄型保险，每年缴费 10 000 元，可以分 20 年缴清，待孩子成年之后，获得的收益大约相当于本金的 2 倍，如果不需要用钱，保单还能持续增值，且利率是锁定在当下的，20 年之后的利率大概率比现在的低。

于是马女士便给儿子投保了这款增额终身寿险，并将保单做了私人定制，放上儿子的照片，又写了一些祝福的话，将其作为礼物送给儿子。

马女士写道："亲爱的宝贝，这是妈妈用你的压岁钱给你买的第一份保险，妈妈希望你健康快乐地成长，也许妈妈不能陪你走完你的整个人生，但是这份保险可以，当你长大之后看到这份保险，希望你能够想起妈妈，妈妈对你的爱一直都在，永远不会改变，爱你的妈妈！"

5.3　外企高级管理人员的百万退休金计划

翟先生是一家知名外企的部门总监，他在这家外企工作超过30年，从大学毕业就进入这家企业做专员，靠着自己的才华和勤奋，获得了集团高级管理人员的信任，逐步走到了今天。

翟先生目前的收入除了工资薪金，大部分来自年终分红与公司的股票增值，加起来年收入超过 300 万元。但是随着年龄逐渐逼近退休年龄，他开始担心退休后的生活。

翟先生有个关系非常好的大学同学，他毕业后进了某单位，这位同学比翟先生早几年步入退休生活，这位同学在岗期间的年收入虽然只有翟先生的十分之一，但是他每月的退休金和退休前的工资相比，没多大变化，甚至还有所提升。

这让翟先生心里有些不安，因为外企虽然也给员工缴纳了社保，但是缴纳基数不高。以目前的社保缴纳基数来算，翟先生退休后大概每月只能领到一万多元的退休金，这和翟先生在职期间的月收入相差较大。

翟先生的上级领导是日本人。有次在公司年会上，翟先生的领导与其聊起中日两国之间的养老金差异，该领导说现在中国的商业养老金收益比日本高。日本经历过经济萧条、泡沫破裂的阶段，保险的预定利率一度达到 8%，随着近 20 年的不断调整，现在日本保险的预定利率只有 0.25%，比我国现行的 3% 低了很多，所以他将自己的大部分积蓄拿来买了中国的商业养老保险。

这给翟先生带来较大的触动，他开始着手规划自己的退休养老计划，并决定拿出 300 万元购买商业养老保险，且这 300 万元的保费刚好达到了保证入住养老社区的门槛。翟先生的不少同事都选择退休后相聚在养老社区，大家收入水平相当且工作经历也相似，退休后入住养老社区也会有共同话题。

2023 年，翟先生又了解到个人养老金支出可以免缴个人所得税，他每年所缴的个人所得税是按照最高档税率来计算的，金额近百万元，个人养老金年缴 12 000 元，可以减免 5 400 元个人所得税。

翟先生觉得这对他来说非常划算，哪怕不考虑个人养老金的收益，仅从减税的角度来说都很有益，于是翟先生不仅自己买了个人养老金，还发动身边同样高收入的同事一起买。

5.4 癌症理赔实录：用 4 000 元换 100 万元赔款

关女士今年 28 岁，两年前通过互联网联系到我，让我给她家人及她配置了重疾险和医疗险。因为关女士和老公收入尚可，无房贷压力，便萌生了给全家买保险的念头。

有一天关女士的同事被确诊了某种肺炎，同屋的其他人因担心被传染，就相继去医院做了体检。结果关女士查出胰腺上有个阴影，经过进一步检查确诊为早期胰腺恶性肿瘤。

关女士在确诊之前，一点症状都没有，要不是这次体检，后果不堪设想。因为胰腺癌属于"癌中之王"，发现的时候通常就是中晚期了，死亡率接近 100%。

好在发现及时，关女士在手术后住院一周就出院了，术后恢复良好，整个治疗期间的花费不到 8 万元，除去医保报销的部分，剩下的治疗费由医疗险全额报销。

庆幸的是关女士购买了保额为 50 万元的重疾险，保费 4 000

元，又因为这款重疾险有特定疾病额外赔付同等保额的条款，关女士一次性获得了 100 万元的理赔金，保险公司又豁免了后续的保费，保单继续有效。

　　拿到这 100 万元理赔金，关女士感慨万千。这 100 万元她没有全都留给自己，而是分成两部分，给孩子和自己各买了一份年金险。关女士说，她唯一的遗憾是，当初要是能多买点保额就好了，现在有了癌症病史，已经不能再投保新的健康类保险了。

第 6 章

保险的未来

6.1　对我国保险行业发展趋势的预测

作为保险行业从业人员，我根据自身的经历，结合国外的保险发展史，对我国保险行业未来的发展方向做出了一个大致的判断，供保险消费者参考。

从产品角度来说，重疾险的形态已经基本定型，很难创新，但是重疾险的价格可能还会继续上涨。在 2021~2023 年，重疾险经历了两次调价，未来随着保险预定利率的下调，重疾险的价格可能还会上涨。

重疾险并不是每个国家都有。我国未来可能取代重疾险的险种是护理险，即在病人患病之后，定期给付护理金的一种人身险。

固定收益的储蓄型保险的预定利率还将继续下调，由 3.0% 下调至更低，这一下调过程可能会持续几年。一旦预定利率下调，短期内就不太可能回升。因为保险考虑的是长远投资回报，过高的预定利率对保险公司来讲风险太大。

受"报行合一"的监管要求影响，保险销售人员的佣金比例会下降。

所谓"报行合一"，是指各公司应据实列支向渠道支付的佣金费用，佣金等实际费用应与备案材料保持一致。这将导致保险销售人员的数量减少，靠返佣飞单[1]的保险销售人员将无法在保险行业立足，最终留下来的是具有专业技能的高素质保险销售人员，这对改善保险行业形象有所帮助。

在国内，人们收入水平的提高和风险意识上升促进保障型产品的需求温和复苏，而预防性储蓄意愿提升、银行利率保持低位和个人养老金政策激励可能增加储蓄型产品的需求。

因此，未来两年我国仍是全球新增保费的增长引擎。由于我国偏低的保险深度[2]、监管部门的支持和中等收入人群的增多，寿险保费也将持续增高。

我国已经步入老龄化社会，随着人们对养老问题的关注度增加，商业养老保险将成为保险公司的主流产品。

2023年10月25日，国家金融监督管理总局印发《关于促进专属商业养老保险发展有关事项的通知》，正式将经营专属商

---

1 飞单是指将本公司的客户介绍到别的公司的行为。
2 保险深度指保费收入占 GDP 比例。

业养老保险由试点业务转为常态化业务。

随着经营专属商业养老保险由试点业务转为常态化业务，在所有者权益、偿付能力、责任准备金覆盖率等方面符合监管要求的保险公司，均可申请经营专属商业养老保险。这意味着参与该项业务的保险公司的数量将增加。

而专属商业养老保险目前又是对接个人养老金制度的主流保险产品，这便意味着个人养老金保险产品的供给也将大幅增加。

6.2　人工智能会取代保险销售人员？

随着人工智能的飞速发展，各行各业都在讨论未来人工智能的取代性，其中就有关于保险销售人员是否会被人工智能取代的讨论。

我的观点非常明确：**人工智能不会取代保险销售人员。**

我得出这个结论并非出于盲目的自信，而是有历史依据的。

这就要说到 19 世纪的美国。美国相互制公司开始承接人寿保险业务时，完全依靠保费获得收入，为了维持公司的运营，不能等着客户上门，于是便发明了一种游说制度，即代理人制度。很快这个制度就被认为是人寿保险成功的重要因素，代理人的作用比报纸广告还有效。

保险最初在美国出现时，几乎没有一个人是自愿去保险公司投保的，主要靠代理人主动递上投保单，并说服客户在投保单上签字。

在代理人制度取得成功之后，开始出现批评代理人制度的声音，他们希望取消代理人制度，这样能够节省佣金。在看到银行客户直接上门的模式成功之后，他们希望保险公司也能像银行一样，只需要有个门面，便有客户主动上门投保。

但事实证明，所有尝试越过代理人直接向客户销售保险的行为都失败了。美国曾有人寿保险公司尝试与银行合作，请银行代销保险，但从结果来看，银行销售出去的保险产品少得可怜。

马萨诸塞州1907年批准了两家没有代理人的保险公司成立，结果这两家保险公司业绩平平，即使这两家保险公司的保险价格更低。

为什么会出现保险很难被动卖出去这种情况？原因在于人们对人身风险的管理并不是十分理性的，对疾病或死亡的恐惧不容易被转化为一种常规的商业行为，主动购买保险的人的占比非常小，人们的保险意识，尤其是人身险的购买意识，需要保险销售人员来唤醒。

广告可以促进人们产生一种新认识，而人际交往则对改变人的行为和态度很重要，保险销售人员在客户与保险之间建立了人情桥梁，让冰冷的保险变得温暖，而这也是保险销售人员很难被人工智能取代的原因之一。

人工智能是对自然规律的综合运用，它本身并没有改变自然规律，也不会产生新的秩序。机器不能像人类一样拥有自由意志，凡是具有创造性的工种都将继续存在，只有机械性、简单重复的工作的从业人员才可能被人工智能取代。

在未来，保险公司能够利用大数据、云计算、物联网等技术，实现更高的效率和更低的成本，同时也能够满足更多的个性化需求。

科技将提升保险公司的风险识别和控制能力，使得保险公司能够利用人工智能、区块链等技术，实现更精准的定价和理赔，同时也能够提高客户的满意度和忠诚度。